心の眼

―Angel's Eyes―

Ide Akihiko
井出章彦《Ide Akihiko》著

文芸社

天命に燃え尽きてこそ我が命（著者［右］と妻）

風と天使（画・井出章彦）
＊この絵からは素晴らしい波動が出ています。そしてあなたに生命力を与えます。

心の眼　―Angel's Eyes―

はじめに

私は平成十一年十月に心の眼が開かれました。といっても、お釈迦様のような神通力までには到底至らず、足元にも及ぶものではありませんが。

何がどうなったのでしょうか。それは、思っていることや考えていることへのヒントや答えが、脳裏に、心に浮かんできたり、画像として顕《あらわ》れたりするようになりました。

それは天から「おまえは日頃よく頑張っているから、特別に能力を授けようぞ」という、ご配慮からだったのでしょうか。あるいは「常日頃の心がけが良かったから」であったからなのでしょうか…それは計画でした。私がこの地上界に降りて来る前からの計画でした。

一般的には、直感と言い表わしていると思います。宗教家でみられるような、霊が視えるとか、超能力者にみられるような、物を動かしたり、物を消したり、というのとは違います。それはひらめき、と言い換えられるのでしょう。

このひらめきというものは、誰もが経験していると思います。考え続けていた事柄へのヒント、解決策がある時に突然、ポ～ンと脳裏に浮かんだという経験はありませんか。

私は平成八年から気功、ヒーリング（癒しの技）の学びをしています。武道に関しては中学生の時から行なっています。それと併せて市のトレーニングセンターに週に三～四回通う日々を七年間送りました。瞑想という修練方法も、世界屈指と言われている二人の方から直接に指導、伝授を受けました。

このような形での方法、手段が私に合っていたのでしょうね。初めのうちは、はっきりした感覚と、それに伴う自信はあまりなかったのですが、様々な質問をする、そしてそれに対してのヒントや答えがもたらされる、とのやりとりをほとんど毎日行なっていくうちに、だんだんと感覚が磨かれていくようになりました。

このことは、私にとりましては楽しい日々の連続です。今現在もそれは続いています。内容のほとんどは私個人の事柄であり、また興味本位の事柄ばかりなのですが、書き記してきたノート十五冊を読み返してみると、単に私個人の事柄だと思っていたものが、実は全ての人々に共通している事柄であったりまた、教えでもあったりしていることに気がつきました。そこで、様々な教えをまとめていくことと、本にしていくこととを結びつけ、さっそく作業に入った次第です。

私自身においても、この本を作っていく過程において、どのような新たな教えをいただけるのかを、楽しみながら、学びながら、進めていきたいと思います。

それではご一緒に、本のページをめくっていきましょう。

目次

第一部　愛の章　～心の眼で見た観点からの人の心

第二部　勇気の章　～良き道を選択するために

第三部　夢の章　~良き人生を歩むために

第一部　愛の章　～心の眼で見た観点からの人の心

○心の時代

私は、経済通でも、経済評論家でもありません。また、その道の専門家でもありません。それに経済を研究するということは全くありませんので、以下の文は、確証があるわけではなくて、心の眼からの感じたこととして、記させていただきました。

今の経済は不況と言われていますが、それは、なるべくしてなったのだ、と思うのです。物を追い求め、物の多さがそのまま裕福さにつながり、そして幸せだと結びつけています。これは、物が全てであり、ややもすると「物欲」に走る傾向すらありました。お金を出せば、何でも欲しいものは手に入る、という考えにまで発展していってしまっています。それは物質主義の最たるところに、行き着いてしまったとも言えるような感じですね。

今、このような状況になっているというのは、「物の豊かさ」ではなく、「心の豊かさ」を求めるように、との教えなのだと思うのです。心の豊かさがない限り、経済社会は変化していかないと感じるのです。

私の住んでいる街の市長は、観光都市ということもありまして、「心の時代」と称し、「親切とおもてなし」の心を唱えています。

物が主体ではなく、心が主体、という考え方に私自身も大いに賛同しています。衣食足りて礼節を知る、という諺もありますが、人は心、言い換えれば、精神、魂だけの存在ではありません。肉体というボディーをまとっていますから。ですから、物、を全て否定するような考えはありません。

ここでは、物質欲、に焦点を当てています。

物は、いくらあっても限りがありません。

物では、決して心の充足度は味わえないし、限界があると思います。

心には、限界はありません。

心は正法《しょうほう》においては、「宇宙即我《うちゅうそくわれ》」といって、悟りの状態のことをあらわしますが、これは、心は宇宙ほどの大きさがある、ということを意味しています。現代は、物質は豊富に出回ってはいますが、人々は心を見失ってしまっているのでしょう。そして自分本位の考え方、自我我欲のままの生き方、これでは経済社会に限らなくとも、決して安らぎに満ちた生活、社会には程遠いものでありましょう。

苦楽の原因も、心の安らぎも、全てその根本は「人の心」に起因しているからです。

心のことを重視する意味は、ここにあります。

○心の相談

相談の内容は、お金とか健康とか年金、法律などに限らず、自分の適職、天職は何か、今つき合っている人との相性はどうか、ある特定の人との過去世からの関係は、などなど。このような霊的（幽霊の霊ではなくて、眼に視えない事柄という意味です）な事柄に関しての質問を胸に抱いている人は、結構いるのではないでしょうか。

カウンセラーではなく、また、ヒーラーでもない、透視カウンセラーとでも称するのでしょうか（透視能力を使って、そのものズバリの答えを出す人のことで、直感を使ったカウンセラーとも表現しているようです）、そのような事柄を専門に学んでいる人たちが、この日本にも多くいらっしゃいます。

私自身も何度か体験セッションを受けました。そこには受講する人たちが多くみえており、若い人たちが圧倒的な数を占めていました。そして透視カウンセラー側の人たちも、性別年令みなバラバラで、それだけ層の厚さがもたらされているのだな、と感じてきました。

専門誌の中での広告を見ましても、独立して専門に透視カウンセラーとして行なっている所も増えてきていることがわかります。

以前ですと、このような分野を扱っていたのは、霊能者だとか占い師とかに代表されていたと思いますが、現在は宗教とか霊とかは関係なく、訓練によって誰もが出来る、という方法が確立されていて、スクールではしっかり体系化された中で、プログラム通りにすすめていく、という形をとっています。

私自身としては、人生相談だとか個人相談などの類のものは、全くやっていこうなどとは思わないのですけれども、今の世の中においては、一般の人たち、普通の人たちが、トレーニングを積んで一定のレベル以上の能力を得て、人の役に立っていこう、としている人が多くいるのですね。

もっともっと、ヒーラーだとかカウンセラー、心理カウンセラー、透視カウンセラー、透視能力者として、専門に携わる人たちが増えていってほしい、と私個人は願っています。物ばかりに眼を向けていた価値観も、心の価値観へと移行していく可能性がさらに出てくると思われるからです。

そしてこの本が、その一助ともなることを祈っています。

○心の次元

よく「あの人は次元が高いよね～」なんて口にしたり、聞いたり、使ったりしたことはありませんか？　これは事実です。つまり本当に心の次元、言い換えると心の段階というものは「在る」のです。そこで心の眼で見た観点から、この「心の次元」のことを取り上げていきたいと思います。

一般的に言われているように、愛のある人、思いやりのある人、心の広い人、あたたかい人、こういった人は心の次元は高いようです。

逆に人をだましたり、利用したり、我欲のままという心の状態の人というのは、決して高いとは言えないようです。

人の心は正法では、一念三千と言って、瞬時に上にも下にもつながると説いています。この場合の上というのは、簡単に申し上げますと、天国、天上界の総称です。それには、愛だとか親切とかの誰もが尊いと感じるような感情、想い、行為などを基準としています。逆に下というのは、怒り、愚痴、不平不満、などの悪想念全般の事柄を基準とし、その行き先は地獄と称されている方向です。現実の世界で当てはめて考えますと、金銭欲だとか異性欲、そして自己中心だとか自分さえ良ければいいんだ、といったこのような類の感情、想念が当てはまってきます。

つまり人の念、想い、というものは、上にも行きますし、下にも行くのですから、いつも下にばかり向いている人というのは、心の段階つまり心の次元が高いとは言えてはいない、ということになるのです。

また、今までに徳を積んできたような尊い人であったとしても、その波動、想念といったものは上にも下にも瞬時に移動しますから、「オレは大丈夫だ」などと安心も出来ないのです。

そこでお釈迦様は、一瞬一瞬の反省つまり、よく自分を振り返ることの大切なことを、説いてきたのですね。

では、次元を落としているのは誰でしょうか？　それは他人が落とすのではないのですね。たとえ他人がきっかけであったとしても、自分の次元を落としているのは自分自身に他ならないのです。

「それでは理不尽だ、自分は何も悪いことをしていないのに、他人のせいで次元が落ちるなんて」と思うことも当然でしょう。

そこにこの地上界に生まれ、修行をしていく難しさがあるのです。

○心の基準

人の言動に乗っからなければ、腹を立てたり、クヨクヨと悩んだり、考え込んでしまうという事柄は随分となくなっていくでしょう。

でも実際には、人からの態度や口調、言い草、そしてあざけりや中傷に対してカチンと感じてしまうというような事柄は、日常によくあることです。

ポイントは人の言動に乗っからなければ良いのだと一口に言いましても、聖人君子ではありませんから、人からのそういった言動に対して、何も動じることはない、ということは難しい事柄でありましょう。

ここに方法というものを挙げてみました。

まず、相手が感情的になっていた場合、そういった相手の全てを、心にまで受けとめることはしない、という事柄です。そういったような相手からの言動というものは、えてして相手の中にある毒までも発せられているからです。何か相手に家庭内でうまくいかないこととか、仕事上うまく進んでいないこととかがありますと、尚更それは当てはまります。

ですがそういうことはあなたには関係のないことです。そこからきている愚痴まで、あなたが浴びせられる必要はないのです。

まず、相手が何を言いたいのかを捉えます。そうしたらそれを差し引きましょう。そこに残るのは相手からの感情となります。

次に、その残った感情を受け取ることはしないでおきましょう。つまり、受け取らない、ということです。受け取らなければその感情は一体誰の物でしょうか。それを発した相手の物であるから、この場合ですと相手に返っていくことになります。

こうしてあなたは心の平安をずっと保ったままでいられるのです。

このような場合には、冷静になって相手を観察する、このことをする必要があります。感情的になったりしてしまえば、相手と同じ土俵に立つこととなり、相手を客観的に見ることが難しくなってしまいます。「岡目八目」という言葉がありますが、人の差している将棋というのは、どこに駒を置いたらいいのかがつかみやすい、ということです。

心ある人ならば、自分の感情のままに言ったりすることはしないでしょう。言う人自らも自戒しているからです。

相手からの余計な感情の入り交じった言動は、静かに受け流していってください。作用あれば反作用で、それらの要らない感情は、相手に返っていきますから。

但し、相手の言っている事柄が事実である場合は、素直に聞ける謙虚さを持ちましょう。

○和して同ぜず

職場では時々、理不尽な出来事も起きます。上司だとか先輩だとかあるいはお得意さんだとか、対象は様々です。あるいはまた、年下だとか後輩という場合もあるでしょう。あなたが心の中で、何か理不尽な事柄を感じたとしましょう。そのような時にはつい、言い返そうと考えたり、思わず顔に出してしまったり、何らかの形で言動だとか表情に、顕してしまいがちです。

ここに「和して同ぜず」という言葉が登場します。調和を保つように努めることはしても、相手に同調してしまわない、という意味でここに紹介したいと思います。

人の性格はまちまちです。ねちねちと同じ事を繰り返し繰り返し言う人もいれば、説教めいたようにして言う人。上から押さえ込むようにして言う人。自分だけが納得して言ってくる人（相手が理解しなくても、自分が言いたいことだけを言って終わりにする人）。このように、心が出来た人ばかりがあなたの周りにいるとは限りません。

「和して同ぜず」とは「論語」から来たことばです。その注釈としては「君子は協調性に富むが、やたらと妥協しない。小人は徒党を組むが、協調するまではいかない」と記されています。

私なりに解釈をしますと、相手との調和を保つためにあえて、感じた事柄を言ってみたり、あるいは表情に出してみたりすることはせず、「そうですか、そうですね」と逆らわずに返事をします。でも、心の中では、相手の意見、考えに対してもちろん、従ってはいません。

「それでは卑怯だ」とか「はっきり言った方が、相手のためになるのではないか」それに「そのような考え方をしていたのでは、自分にストレスが溜まっていく一方だ」という意見も出てくるかもしれません。

私の考えのその真髄は、「稲穂の如く」にあります。謙虚を表わす場合に使われたりしますけれども、その稲穂です。

これには二通りの原理が含まれています。心の法則、宇宙の法則として捉えてください。

一つは、相手の理不尽な言動は、あなたが受け止めなければそのまま、相手に返っていくという事柄です。相手は、自分自身の言動の中に含まれている様々な悪想念を、自らが受けなければならないのです。

一つは、もし怒ってしまうと、その波動はあなたに返ってきてしまいます。ですから常に柔和な心でいるよう心がけていると、あなたの心が波風を立てることは避けられます。

○平等ということ

この地球上はまるで「芋洗い」の状態なのだと思います。お芋といっても、その大きさから形まで実に様々です。これらのお芋を一つのバケツに入れて、棒でもってゴリゴリと掻き回していくと、それぞれのお芋とお芋とが擦《こす》れ合って、それらのお芋はきれいに磨かれていくそうです。この地上界もまさにそういう状態であると例えられるでしょう。

人は全て心の段階の差、違いはありこそすれ、同じ三次元という地上界に住んでいます。そして悪いことをすれば、悪い結果が出てきますし、善いことをすれば、良い結果が出ることも、全ての人々に共通の事柄です。

ここに生前、正法《しょうほう》を説いた高橋信次先生からの著書から一部抜粋したいと思います。読みやすくなるように加筆させていただいています。心の次元、心の段階はこのように数字で顕せられます。

『4次元~自分という立場が正しさの尺度になっています。自分さえ良ければ人はどうでもよい、というエゴの世界であり、自己保存の立場が強調され、自己保存を損なうものは正しくないのだ、という考え方です。現実の社会は、この4次元の正しさが支配しているようです。

5次元～この世界は、いわば持ちつ持たれつで、人に与えたものは与えられる、与えたものが返ってこないと気持ちがスッキリしない、という「正しさ」が支配しています。

6次元～人から損害を与えられても人を非難しない。人を非難する前に、まずその原因を振り返り、二度と再びその原因をつくらないよう努力する世界。つまり「正しさ」の尺度を他に求める前に、自分に求め、第三者の立場で常に前向きに努めてゆく人々のこと。

7次元～慈悲の心、愛の心が先に立ちます。常に神の心を尺度として、愛行に一身を投げ出す人を言います。ここでの「正しさ」は、人々の毀誉褒貶《きよほうへん》に心を動かすことはなく、ひたすら、神の愛と人々を生かすことに人生の目的を求めます。

8次元以上～地上に光を与えていく光です』

心の眼で相手の心の段階を見ますと、実に様々です。自分の周りにいる人はいい人、次元の高い人ばかりであったなら良いのですが、そのような現状ではありません。

また、心の段階の高い人イコール会社での、あるいは社会での俗に言う「偉い人」とも限らないようです。心の段階の高い人でないと、人のリーダーとしてやっていくことは許されない、としたならば話は変わってくるでしょうけれども。

この「イコール」が結びつかない、成り立たないところが、地上界の特徴でもあります。

○人格

人格は生まれてからの教育、思想、生活習慣などによって形づくられていきます。どんなに心の段階の高い人であっても、生まれた時から人を指導している、なんてことはないですよね。親の保護、おとなたちからの保護がなければ生きてはいけません。そしてこのような親や、兄弟からの教育と保護、学校での勉強、そしてその国のその時代での思想とか習慣、これらによって、私たちの人格は形づくられていくようです。

この世に生まれますと、たとえその赤ん坊がやがておとなになった時に、江戸城無血開城を為し、江戸に住む百数十万もの人々を救うことになる勝海舟であったとしても、子どもの時というのは、親、おとなたちからの保護がなければ生きられません。

そして親の性格だとか、家庭環境、生活環境などが、この場合だと勝海舟の歴史書に記されているあのような人格として、大きな影響を与えていくのです。

生まれてくる前に、親、兄弟、人生において出会う主要な人物等は全て、計画として立ててきます。自分自身では全て承知のことなのです。ですが、ひとたび「オギャー」と生まれてきますと、それらの一切の記憶をなくしてしまうのですけれども。

人は自分の目的に合わせて、そういった環境を自らが選んでくるのです。

心の段階というものは本当にあります。そしてそれは実にはっきりとしています。私の場合、二つの聞き方をします。まず大元の次元です。つまりその人本来の心の段階のことです。そしてもう一つは、今現在のその人の心の段階です。

この二つの段階は、必ずしも一致しません。

それはなぜかと言いますと、この地上界、三次元では、様々な出来事があります。人から足を引っ張られたり、無い噂を立てられたり、心をすり減らすような思いをしながら生活している人も多いのです。

そのために、生まれてきた当時のままの心の段階でいられるということは、この世の中（現象界、地上界、三次元）では至難の業だと言っても差し支えないでしょう。

生まれたままの赤子のように、純粋無垢の心のままで生きられたら、世の中明るくなるでしょうね。だけれども、競争社会であり、経済の多さイコール幸せだとしている社会においては、欲の無い人というのは端っこに追いやられてしまうのかもしれません。

こうした集団社会の中で生活していくうちに、生まれてきた時のきれいな心のままではなくなり、だんだんと心に曇りを作っていってしまいやすくなるのですね。それがよく言われているところの、心に毒を溜める、という事柄につながっていくのですね。

○守護、ご加護

「それでは平等ではなくなるのではないか」と思う人もいるかと思います。「心の良い人が隅っこに追いやられて、そうでない人がのさばっているなんて」というようにです。ところが大丈夫なのです。心のきれいな人というのは、ちゃんと天使からの善導を受けられるのですから。

話は突然変わりますが、ここでちょっとだけ説明しておきたいと思います。

私のこのような「ひらめき」なのですが、その発信源は一体どこからなのだろうと考えたことがあります。心理学でいうところの潜在意識なのか、精神世界でいうところのハイヤーセルフなのか、仏教でいうところの守護・指導霊なのか、キリスト教でいうところの天使なのかなどです。何もないところから、情報が来るわけはありません。それを教えてくれる、伝えてくれる何かが在るからです。

私はその何かを、天使から、として受け止めています。そしてその天使とは、正法、仏法では、その人（この場合ですと、私自身ということになります）を指導して下さっている方、つまり指導霊、というように言い表わしています。

私のこのような直感の正体は実は、天からのメッセージであり、それは天使からのもののである、とそのように理解しておいていただきたいと思います。

話を戻しますが、人にはその人を守護したり、導いて下さる方がついています。私は霊能者ではありませんので、そのような姿が視えるわけではありませんが、やはり情報として受けて、知り得たというわけです。

この情報からさらに話を進めていきますと、天使は常にインスピレーションを我々に送り続けているのですが、もしも心に曇りがありますと、それが埃《ほこり》となって邪魔をしてしまい、せっかくの天使からのインスピレーションが、受けられなくなってしまいます。このことは全ての人々に該当する事柄であり、法則です。

心に曇りを作ってしまったのは、結局は自分自身です。ですからその曇りを取り除くのも自分自身であるのですね。よく言うではありませんか。「播いた種は自分で刈り取らねばならない」というように。自分の作った曇りを、他の人が尻拭いして帳消しにしてくれるというものではないように、あなたの心に出来てしまった曇りは、天使が消してくれるということではないのです。

では作ってしまった曇りは消えることはないのでしょうか？　そんなことはありません。いつも空が曇っていることはないように、曇りを晴らすことはあなた自身で可能です。

○祈り

誰もが皆、お祈りをしたことがあると思います。それは心の中であったり、神社の前であったり、お寺の中であったり、あるいは夜寝る前の布団の中であったりしたかもしれません。そしてたぶん皆さんは、神様が、天使が、ご先祖様が守ってくれる、導いてくれる、願い事を叶えてくれるとのことで、祈られているのではないかと思います。

以下、心の眼の観点から感じたままに記していきます。

まず、祈りは、徳の数によって成就されるということです。えっ、何のこと？　と思われることでしょうね、きっと。ここで、預金のことを思い浮べてみてください。原理としては同じですから、把握しやすいと思いますので。あなたが新車を欲しくても、それだけのお金がなければ購入することは出来ません。お金という貯えがこの場合、必要です。

では徳とはどういうものなのでしょうか。そしてその徳を積むとは一体どういうことなのでしょうか。

人に親切にするとか、街に落ちているゴミを拾うという行為も、徳として換算されて、積まれていきます。たとえそこにあなたのその行為を見ている人が誰もいなくても、あるいはあなたの親切を相手の人が気づかないとしても、です。

私は時々、遠隔ヒーリングを行なうことがあります。相手には「気を送ったよ」とか、「今からヒーリングをするからね」とかを、特に伝えたりはせずに行なう場合がほとんどですが、心の眼で私自身の徳の数を教えてもらうと、それは増えていたのですね。「情は人のためにあらず」という言葉の意味は実は、このように自分のためとなっているのだ、ということなのです。

拝めば救われる、という以前に、自分自身の今までに行なってきた善の行為によって、自分自身が助けられる、救われる、という事柄は実際にあり、それは事実なのであるということを、皆さんには是非知っておいていただきたいと思うのです。

今の日本人における徳の数の平均はいくつでしょうか？　百を満点とした場合、その平均値というものは実は二十です。ちょっと少ないなあ、と感じられたのではありませんか。ではなぜ少ない数なのでしょうか。それは、自分本位の考えで生きている人の多いことをそのまま顕しています。それだけ自分さえ良ければいいんだ、という考え方に基づいて生きている人が多いということを顕しているのですね。

ですが、おもしろいことに、そのような人というのは徳の数が少ないから、逆に幸せな人生は送りにくいのですけれども。

○心の曇り、そして罰

怒り、愚痴、不平不満、謗《そし》り、誹謗、足ることを知らぬ欲望などが心の曇りです。そしてこれらは心の毒と称します。これらは、心に射してくる神からの光を遮ってしまいます。心に曇りが出来ますと、神からの光は当たらなくなり、すると数奇な人生を送る、言い換えると、正道から外れてしまう方向に、進んで行ってしまいます。

ここで、よく日常生活の中でありがちな事柄を、怒り、愚痴、不平不満などが心に生じている例として、考えて挙げました。

「自分から人が離れていった場合、離れていった人の方を悪い、と決めつけたり、周囲に言い触らしたりする」というケースです。

このような、人が自分から離れていってしまった、という出来事に対して、自分自身を振り返ることはしないで、あれこれと理由をつけて自分自身を納得させることは、自分の非を認めたくはない、認めない人に多いでしょう。相手に怒り、愚痴、不平不満などの感情をぶつけるのではなくて、まず自分自身を振り返ることなのです。

自分自身を振り返るということは、自分の心の状態・在り方が、出来事を作り出しているのですから、そのようになってしまった原因は、他人ではなくて自分自身にある、ということに気がつくことなのです。

例えですが、もしあなたが、全てを人のせいにするようなタイプの人から、何かを言われたり、誇張されて言われたり、あるいはまた、無いことまでをも言われたとしても、誰に対しても言い返したり、事実を説明したり、証明したりすることは必要ありません。まずそのようなことを言っている人というのは、天上界にある〈閻魔帳〉につけられてしまうのだそうです。

加えて、そのような人から何を言われたとしても、「ここで言い返したり騒いでみても、周囲の人たちを巻き添えにしたり、事が大きくなるから、ならば黙っていよう」としている人には、大きな徳が積まれるのだそうです。預金で言うと普通預金ではなく、定額預金に該当する程の大きな徳になるとのことです。

自分自身を省みることをせず、他人のせいにしたりする人、このような人は心の段階が残念なことに、ガクンと落ちてしまっています。これは全ての人々に当てはまる事柄です。

高橋信次先生からの、私がいつも胸の中に入れている最も好きな言葉を次に紹介します。

「己れに厳しく、人には寛容な態度を決して忘れてはならない。柔和な心は神の心であり、法の心であるのである」

○自分を省みる

自分の言動というものはつかみづらく、またわかりづらいものです。

以前、私の知っている宗教関係の人に、このようなタイプの人がいました。「私は心の修業をしているんだし、やってきたんだから、私の言っていることは正しいのである。ここにいるみんなは私の言っていることに従うように」ということを直接口には出さないまでも、そのような意識で行なっていたタイプの人でした。

この宗教家はそのうちに、増上慢になってしまいました。そこでの会の皆が、その人のことを妄信してしまい、「右を向け」と言われたら右を向き、「これは黒」と言われれば白い物でも黒と、無条件に思い込んでしまっていたところにも、原因は多々ありました。そしてますますその宗教家は、自惚《うぬぼ》れていきました。

何か「おかしいぞ」と気がついた人が、その宗教家から離れていきますと、会に残った人たちに、離れていった人のことを散々に言ったりしています。

「人につかず、法につけ」という言葉がありますが、それをせずに信者は、法ではなく、宗教家の方についてしまっているケースが、日本の宗教界では多いのではないでしょうか。

このような宗教家の人の心が救われるには、自らが気がつくしかありません。自らを省みていかなければ、救われていかないのです。そしてそれは誰にも当てはまる事柄です。

この例から言いますと、増上慢になりますと、能力、感覚は失われてしまいます。これは私自身も、天上界の方から戒められている事柄なのです。心が汚れてはいけないのです。

私のお義母さんは、このような詩を作りました。

『美しい心に、美しい花が咲く』と。この言葉はまさに神理に適《かな》っているのですね。

お釈迦様が悟られたのは、反省行によりました。

反省しますと、心のスモッグがとれます。それはきれいに磨いた鏡のようにです。するとアカが取りのぞかれたようにスッキリとした状態となります。そして身体、心が軽くなっていきます。楽になっていきます。お釈迦様はこのことを「八正道」として教えを説いていきました。そしてこの「八正道」は「中道」のことを顕しています。中道とは文字通り、真ん中の道であり、それはつまり片寄らないことです。自分自身を救い、心の安らぎを得るには、八正道に基づいた片寄らない道を歩くことである、と説かれました。

一、正しく見ること　一、正しく思うこと
一、正しく語ること　一、正しく仕事をなすこと
一、正しく生活すること　一、正しく道に精進すること
一、正しく念じること　一、正しく定に入ること　この八つのことをいいます。

○反面教師

「嫌だなあ」とあなたが感じてしまうような人というのは、あなたにとって反面教師としての存在理由があることが考えられます。

「あの人さえいなければ、もっと楽しい気持ちで過ごせられるのに…」「非常識でそして無礼で、顔も見たくない！」などといった感情を、特定の誰かに対して持っている人は、案外多いのではないでしょうか。

どうして、あなたがそのように感じてしまう人と一緒にいるのでしょうか。一緒にいなければならないのでしょうか。この事柄を二つの観点から、述べていきたいと思います。

まず一つは、この世の中は玉石混交である、という点です。心の段階の様々な人たちが同じ地球上において生活をし、人生を送っているのが、今のこの地上界です。このような状況ですから、そこで生きていく私たちは、魂が磨かれる環境として、修行するための環境として、この地上界に出てきているのです。

ではなぜ、あなたが嫌だなあと感じてしまう人がいるのでしょうか。それには心の次元も少なからず関係しているのです。心の段階があまり高くはない、と言えるような人が少なくないからです。

それは「我欲のままに生きている、楽を求めて生きている」というその人の心の状態が、自らの成長を妨げているのだと、言えましょう。

そして反面教師としてのみならず、教師としての意味がある場合もあります。また、仲間、同僚という意味を持つ場合の人もいるでしょう。いずれにしても、自分自身を磨くための存在として捉えてください。

もう一つは、その人個人とあなた自身との間に、特別な意味がある場合です。よく「カルマ」という言葉で使われたりしていますが、これはその人同士によってパターンは様々です。このことはつまり、何かしらの意味が、出来事が、過去世あるいは今世での過去において、あなたとその人との間にあったのだ、ということを意味しています。

この件に関しましては私は専門ではないので、あまり詳しく述べ伝えることは出来ませんけれども、人間関係からの深い悩みのその原因を探り、治療していくものとして、催眠療法というものがあることを記載しておきたいと思います。これは前世療法だとか過去世療法、あるいは過去世回帰という名称が使われているようです。日本においても、専門の治療院が数多くありますし、そういった催眠療法士を養成しているスクールもあります。

人との関係は「眼には見えない深いところからも意味がある」ことが言えるのですね。

○平凡、非凡

この地上界には、実に様々な人が集まっています。これまでに、心の次元、段階のことからも話を進めてきましたが、ここでは、日常生活においての、一般的な事柄に対しての反応から、心の次元の事柄をもう少し記述していきたいと思います。

・四次元の世界のことを「幽界」、五次元の世界のことを「霊界」と称します。ここからの段階から生まれてくる人が一番多く、天上界でもここでの段階の人が一番多くいます。

・六次元の世界のことを「神界」と称し、ここの人たちのことを「光の天使」と言います。

・七次元の世界のことを「菩薩界」と称し、ここでのクラスの人たちのことを「上段階光の指導霊」とも言います。

・八次元の世界のことを「如来界」と称し、ここでのクラスの人たちのことを「上段階光の大指導霊」とも言います。

・九次元の世界のことを「宇宙界」と称し、お釈迦様、イエス様、モーゼ様、高橋信次先生というメシア、つまり救世主のおわせられる段階を言います。

＊一般的に称されている天使は、六次元以上の段階からとなり、特に八次元からは大天使と称されるようになります。

では日常生活によくある事柄に、当てはめて説明をしていきましょう。

・四次元クラス～自分中心であるから、相手に何を言っても平気。相手のことなど考えていないから、相手が何を感じようが、こっちの知ったことではない（というよりも、自分中心の狭い心の領域のため故に、人の気持ちがわからない、と言えましょう）。

・五次元クラス～何かをされたり、言われたりした時に、自分の方からも、言ったり、行なったりしないと損だ、という考え方をしている人。

・六、七次元のクラス～何かを言われたとしても、相手にそのまま言い返しては自分の心の中に、波風が立つことを知っているので、言ってしまっては自分が損をする、という心の段階の高いクラスです。

・八次元以上ともなりますと、心は宇宙大のように広くなっていきます。

この地上界での地位、職業、名声などと人の心の段階とは必ずしも一致するとは限りません。そうなりますと、人を見る場合には、裸の状態のその人を見ることが大切であると思います。地位だとか役職、肩書きなどを取り外したその人を、見ることだと思います。すると案外正しくその人となりを、見ることが出来ていくのではないかと思います。

案外、世渡りが上手いだけ、という人もいるようですけれども。

○美しい心

私たちがより良き人生を歩んでいくには、正法、仏法の中で説いている「守護霊」「指導霊」からのご加護を受けることであり、キリスト教の中で説かれている「天使」からの助け、導きを受けることです。

自分の心が、きれいであればあるほど、このような方たちからの光を受けられることとなります。その結果、必要な時に必要なものが与えられたり、危険な事柄から回避するよう、守っていただけたり、心身共に調和された安らぎのある生活、人生をあなたは送っていけることでしょう。

神からの光、天上界からの光を受けるには、自分の心をきれいに磨いてあるかどうかがポイントです。窓ガラスが曇っていたのでは、外からの陽の光が部屋に入り込む時に、その射し込む光の量は弱くなってしまいます。

各自の心の調和度によって、そのような方たちがついて守っていて下さるのですね。

逆に、心にスモッグがある人には、守護・指導霊から、あるいは天使から通信を送ったり、語りかけたとしても、その埃が邪魔をし、障害となっているがために、それらの愛あるインスピレーションも、言葉も受けたりすることは出来ません。

ですから、心にスモッグだとか埃、アカはない方が良いのです。

その方法を、お釈迦様および高橋信次先生は、「八正道」にあると説きました。それは自分の思ったこと、行なったことを八正道に照らし合わせてみて、もしそこから逸れていたような事柄があったのならば、素直に反省をして、正しい思いと共に言動をしていく、仕事をしていく、生活を送っていく、努力していく、などを実行に移すということです。

以下は私自身からの雑感なのですが、数日前に体調が悪かったこともありまして、悪いこと、悪いことへと眼が向いてしまっていた傾向に一時ありました。そのために、口を開くと愚痴とか不平不満として、言葉が発せられていたと思っています。

体調がすぐれないと、気まで滅入ってしまうものなのでしょうか？

体調は、精神面にまで深く影響を与えていく、ということであるならば、当然と言えば当然ですけれども、健康管理には十分に注意する必要はありますよね。体調だけではなく、精神面にまで関連してしまうなんてそれは、損なことであると思ったのです。

自分自身の調和が保たれない状態は、正見、正思、正語から外れた時に訪れると言いますが、逆もまた真なりかな、と感じられました。つまり、自分の調和が保たれていないような状態の時には、正見、正思、正語から外れてしまいやすい、ということです。

第二部　勇気の章　～良き道を選択するために

○波動

ある知り合いが私にこのように言ってきました。「二十五万円もする買ったばかりの腕時計があるけれども、無料であげるよ」と。そこで私は、とても重宝している時計がすでにあることを彼に伝えました。実際にその腕時計は、マラソン大会に定期的に参加している私には、薄くて軽くストップウォッチ等の機能がついているのでとても便利なのです。それに、結婚祝いでいただいた商品券で、ごく普通の時計も買って持っていたのですから、尚更私には時計はもう必要なかったのです。

その旨を彼に伝えたところ、彼はおもむろに「その時計いくら?」と尋ねたのです。どうも彼の場合、品物の良し悪しを全て値段の高い安いで決めているようなのです。物の値段よりも大事な事柄があるので、ここに記していきます。

私は以前、ホンダシビックに乗っていました。二万数千キロ乗ってあった中古でした。いつも大切に扱う心で愛用していたことから、ただの一度も故障することはありませんでした。この車には毎日、五年と半年の期間を乗っていました。ただ一度だけ、バッテリーが寿命のために動かなくなってしまったことがありましたが、この場合も出勤前ではなく、仕事が終わってさあ帰ろう、という時だったので、職場にも通行中の車にも誰にも、迷惑をかけるということはなかったのでした。このことからも、中古イコール安い車すなわち良くない品物、という方程式は通用しないことをわかっていただいたと思います。

私個人で感じたことを言いますと、物は高い安いで決まるのではなくて、いかに大事に扱うかという、使う人の心にあるのだということです。そしてまた、その人との相性というものも、大きく関連してくるということです。

その品物を大切にすれば、対象の品物もこたえます。人が運転していた車は、くせがあって運転しづらい、という言葉を聞いたことがありませんか？　これも、波動が関連していることの一つの例だと言えましょう。

相性については、別のところで述べていきますが、波動および波長が大いに関連してきます。諺の「類は（友は）類を（友を）呼ぶ」というように、お互いの波長が引き寄せ合うというケースもあるのです。

ちょっと話を変えますが、この本の巻頭に私たち二人の写真をあえて載せました。これは、かっこよく撮れたから、という意味ではありません。この写真からは良質の波動が出ており、悪い波動を寄せつけないという作用があるからなのです。

人からも物からも、波動というものは出ているのです。

○類は（友は）類を（友を）呼ぶ

同じ波動というか、波長の同じ者同士は引き合います。そのことを例え話としてここに記していきたいと思います。

そこには、人の悪口を言うことが大好きだという人がいました。この人は、口を開くと、「あいつはこうだ、そいつはどうだ」と繰り返し話をしたがるタイプです。周囲が聞く耳を持たないでいても、本人はわかっていないのか、おかまいなく、立て板に流れる水の如く、「毒」を周囲に振り撒いています。そうやって他の人への愚痴、不平不満、怒りなどを一人で喋り続けるような人でした。

ある時、以前彼と接触のあった関係者が彼のもとを訪ねてきました。お互いの現況を報告し合うまでは良かったのですが、そのうち彼からさっそく他人の悪口を言い始めました。すると相手の人はあろうことか、それに輪をかけたように便乗してしまい、「そうだ、そうだ」とやってしまう始末です。

この悪口の対象は一人だけにとどまらず、やがて数人へと拡がっていきました。

この二人の場合、同じ波長同士だと言えましょう。

このように波長が引き合う相手とは、気持ちが引き出されていきます。波長が同じだとどうもお互い安心感が生じるからのようです。

だとするとこのような時、良いものならば大いに出しましょう。それは周囲にも良い影響が与えられるからです。逆に悪いものはよく見極めて、自重、自戒していきましょう。このような事柄は、結局は自分自身に直接関わっていくからなのです。

何を話そうが自由ですけれども、その場に第三者（つまり自分と話し相手以外の人）がいた場合は特に注意が必要です。

まずその第三者は、話をしている彼らのことは信用しなくなってしまいます。それは人との信頼関係においても、良い友だち関係にしても、何かしらの影響というものを与えてしまうからです。このようなタイプの人には安心出来なく、第三者は心を閉じてしまいやすくなるでしょう。そしてやがては上辺だけを合わす人しか、周囲にはいなくなってしまうかもしれません。

それでは自分自身が一番損をしてしまいます。そしてそれで困ってしまうのも、やはり自分自身となります。

人間ですから、心の状態が良い時もあれば、そうでないと思われる時もあるでしょう。でも、なるべくなら良い方向へ常時、自分の波動を向け続けていたいものですね。

○成長を妨げているもの

私の仕事は窓口業務です。そのため実に様々な所から、様々な人からの電話などが多く入ってきます。

電話に出て相手の声を聞いた瞬間に、「ああ、いい感じだな」とか「ケンカ腰のような、ぶっきらぼうな言い方で嫌だな」などという感想を持つことがあります。後者の電話は、苦情とかの件で多いのですが、あきらかに両者の違いというものはあります。

声が低いとかガラガラ声などの特徴を持った人もいますが、声の質はどうであっても、波動というものは明らかにあります。その人の声からも、波動は出ています。

その人の心の状態というのでしょうか、深いところの心にまで及んでいます。

ここに例えとしての話をしていきたいと思います。

以前までのこの人は、自分にはとても厳しく、人には広い愛を持ち合わせていました。ところが、ある時から我欲のままに生きてしまい、そのことにより、心の段階はまるで坂道を下り降りるようにして、落ちてしまいました。

このような場合ですと、過去も今現在も肉体的には声の変わるということはありません。ですが、心の声というものは変わります。つまり、声にその人の波動が乗る、ということになるのですね。

「どうも～」なんて愛想が良くても、わがままだったり、「よろしく頼みます」と上辺は良くても、その人の行ないが自己中心的であったり…声の調子ばかり良くてもダメです。


波動は正直です。波動はストレートに相手に伝わるからです。

同一人物であっても、時と状況等によっては、その人から出ている波動は変化します。ですから、言うことが命令口調であったり、上から押さえつけるような言い方であったり、自分がただむしゃくしゃしているからと人に当たったり…このような時というのは、残念ながら良い波動は出てはいません。

心の眼で見ると、中には成長、進歩が進んでいないようなタイプの人がいますけれども、どうしてだろうと天使に尋ねたところ、「こういった人は今まで、反省をしたことがないからです。何か起きても自分を省みようとはしません。あるいは全て人のせいにしようとしたり、実際にそのようにしています。だから成長がないのです」。

成長し、進歩し、良き波動を常に発せられる自分自身でありたい、と私は願っています。

それには、一瞬一瞬、自分自身の言動をよく振り返り、見つめることが大事です。

○朱に交われば～影響ということ

いつも不平不満ばかりを言っている人。口を開くと人の悪口ばかりを言う人。常時しかめっ面をしている状態の人。いばる人。態度が横柄な人…あなたはこのようなタイプの人に近づきたいと思いますか？　出来ればこのようなタイプの人とは、関係を持ちたくはない、と思ってしまっても仕方のないことだと思います。

その逆に、心的に優れていると思えるそのようなタイプの人が、あなたの近くにいるのならば、なるべくそのような人と接するように心掛けましょう。そのことはあなた自身の心の成長においてとてもプラスになるからです。

朱に交われば赤くなる、というように、人からの波動を受けますと、あなたは気がついていなくとも、何かしらの影響を受けているのですね。

私の妻は気功の気とか、ヒーリングのエネルギーなどをも、とても敏感に受けることが出来るのですが、皆さんにも多かれ少なかれ感受性はあると思いますよ。都会の雑踏の中を歩いただけで、ひどく疲れたりしたという経験はありませんか。これなどもそうです。

そしてこの波動の中には、怒り、愚痴、不平不満などの悪想念が含まれていることがあります。これらは「心の毒」と称します。眼には映りませんが「あなたの心にとっての毒」

となってしまうのです。

テレビ番組の中で、あるいは近所のスポーツセンターの中で、または近くの公園の中で、ジョギングをしたり、ウォーキングをしたり、という他者の頑張っている姿を目にすることがあります。見回すと頑張っている人の姿を見つけることが出来ます。こういった他者の頑張る姿というものは、それを眼にする人に良い影響をもたらしてくれるのですね。

私自身、市のトレーニングセンターに週に三～四回通っていた頃、朝でも昼でも夕方でも、いつ出掛けていっても運動している人と出会います。また、マラソン大会に向けての練習をしていますと、夜にも関わらずウォーキングだとかジョギングをしている人とよく、すれ違いました。皆さんそれぞれに頑張っているのですね。

この頑張りの対象というものは、運動つまり体を動かすということだけには限りません。一生懸命になって英会話とか中国語を学んでいる人もいますし、お年寄りのため、家族のためにと介護教室に通ったり、人の役に立とうと、手話教室等に通っている人もいます。

このように、正しい目的を持って、それに向かって行なっている人からは、良きエネルギーを受けられます。そしてそれは、良い影響を周囲に及ぼしていることにもなります。

自らも、良い波動、良い影響を出せる人、でありたいものですね。

○気づきのための題材

常識からはずれているようなことをしている人、礼儀のない人、このような人はあなたの周囲を見回しても、すぐに何人かの顔が浮かんでくるのではないでしょうか。

当の本人は、わかっていません。むしろ、誰にも迷惑をかけていないから、構わないじゃあないか、と平然としているでしょう

「何かあっても、損をするのはオレだし、おまえには何もしていないじゃあないか」と言い返してくるでしょう。「おまえに何の関係があるのか」と。

こういった人は、たとえ彼らの言うように、他の人には何もしてはいないかもしれませんが、それは眼に見えないからわからないだけで、実はとても大きな「悪」という文字がつくほどの影響を与えているのです。

例えば、先程波動の事柄を書きましたが、ある人がそこの部屋に入ってきたとたんに、パーッと雰囲気が明るくなった、などの経験をした人はいるでしょう。

私の言っている理論はこれと同じことです。ここのテーマでの例にあげたようなタイプの人というのはまず、自分本位です。自分勝手であり、自分さえ良ければいい、という考え方が心の中の大部分を占めています。

そのような人からは、残念なことにきれいな波動は出てはいません。こういった状態である時は、その波動の中に「毒」が多く含まれていますので、多大な悪影響を周囲へ与えてしまうことへとつながっています。

このようなタイプの人との接し方ですが、「ぶつからないこと」です。それをやってしまったら、やったあなたが損をしてしまいます。頭にきたとしても、相手は変わりません。このような人が対象の場合は、本人が気づくしかありません。本人自らが、自分自身のことで気づいていくのが、一番の方法でしょう。

ではその気づきのための出来事とは…？　それは天上界から指導をしています。但し「神の光が心に射《さ》している」という条件が、その人につきますけれども。

それはどうしてかと言いますと、心に曇りを作ってしまいますと、神の光はその曇りに遮られてしまい、心に射さなくなるからなのです。心に曇りを作ってしまったのはその人の責任なのですが、神の光が射さないために、その結果、人生が暗転してしまう方向へと向かっていってしまいます。するとそのような中から、自らが気がつくしかなくなります。気づきのための題材としては、悪い方での出来事が多くなってしまうでしょう。

心に曇りがなければ、良い形で教え、導かれます。正道の上を歩いて行けます。

○おとなと子ども

ある新聞の広告の中での文でした。たしか地域の健全育成のためのスローガンであったと記憶しています。それは「思いやりを持とう。助け合いの精神を養おう」といった内容のものであったと思います。これは、おとなたちが子どもに向けて考えて書いたものです。

ふと考えてしまいました。これを掲げた私たちおとなが、はたしてそれを出来ているのか、行なえているのかどうかをです。街中に平気でゴミを捨てていく「おとな」を、今もって多く目にしています。

ということは、子どもだから出来ていないんだ、ということまではないとしても、おとなだから出来ている、ということは一概には言い切れないことになりますね。

心の眼で見ますと、生まれてきた時の心の段階と、成長しておとなになってからの心の段階を比べますと、そこには差があることに気がつきました。それはなぜだろうと思ったところ、職場で足を引っ張られたり、人との軋轢とか摩擦があったり、様々な苦労があるからのようです。そしてまた、心の中でイライラしている状態の人も多くいるでしょう。そうすると心の中から、余裕、ゆとりがなくなっていきます。そうすると、思いやりとか助け合いといった事柄からはちょっと遠のいてしまう、実行しにくい状態となりましょう。

おとなも人間です。おとなだから出来ている、ということはないのです。様々な心の段階の人がいますし、環境によっては自分自身の心の段階も変化します。

全ての人を対象とした全員が、いつでも出来るように、一瞬一瞬意識して生きること、が大切であり、必要な事柄であるのだと思います。

お釈迦様が説かれた八正道の中に「正命《しょうみょう》」があります。正しく生活すること、という意味です。高橋信次著『心の指針』より一部引用しますと、次の通りです

『私たちのこの世の目的は、この地上にユートピアをつくることです。それには正しい生活を営まねばなりません。正しい生活は、まず自分自身の調和から始めねばなりません。自身が調和を保たなければ、自分の周囲も調和に導くことは出来ません。

欠点を修正するにはどうするか。それには第三者の立場から、自分の心を、毎日の思うこと考えること、行為を、反省することです。

長所を伸ばし、欠点を修正することによって、自身の想念と行為はもとより、自分の周囲を明るく導くことができるでしょう。そして正しい生活を送るには、まず自分の業（カルマ）の修正、短所を改めることです』

おとなは完成している人、という意味ではなく、また自戒は常に必要な事柄となります。

○怒りと注意

何かの教科書で、そして新聞で、読者への質問コーナーに対しての答えとして「注意はしても、怒ることはしないようにしましょう」という言葉を見つけました。何かで耳にされた方もいらっしゃるのではないかと思います。

注意と怒り、ここの境目をはっきりと、しっかりと把握していない人は、案外多いのかもしれません。

人間は感情の動物、とも言われたりします。何かイライラしていたり、頭にきてしまうような出来事があったり。そんな時に誰かがミスしたりすると、注意に別の感情が加わってしまうことも考えられることとしてありましょう。

悪感情が入ってしまっては、注意ではなくてそれは、性質の違ったものになってしまうのです。それは怒りです。

人間は、コンピューターや機械ではありませんから、「仕事上のことだから何を言っても構わないんだ」としていては、指導する側としてみれば、心がない、と言えてしまいます。

注意は、怒りと違って悪感情が入りません。このことを承知している人も多いと思いますが、なおかつ、注意する立場の人の普段の心がけ、生き方も相手にどれだけ伝えられるか、届くのか、までにも及ぶのだということをここに加えておきたいと思います。

今、書店とか図書館には伝記モノの本が沢山並べられています。過去の人たちの生き方から学ぶ、という方法もあります。歴史からの学びは、温故知新となって、あなたの今にとって何かしらのヒントがもたらされるかもしれません。但し、心的に正しいことをしてきた人物を参考にしましょう。人々の心を狂わしてしまっただとか、たとえ成功物語であったとしても、それが人々を陥れてのものであったりだとか、人のためにではなくて、自分のために生きてきたような人物の物語は、あまりお薦め出来ませんが。

三国志の中での登場人物に、諸葛孔明という軍師、政治家がおりました。彼はその政治はとても厳しかったようですが、民たちは誰もが彼を愛していました。それは、彼の日常の態度にありました。そして彼が判決を下す時、「言われたのは、言われた自分が悪かったからだ」と、どんな判決であったとしても、誰もが納得したということです。

人は、他人のことはよく見えていても、自分のこととなるとなかなか見えない、わからないものです。

「自分に厳しく、人には寛容に」～正法は人が生きていく道標を私たちに示しています。

○ちょっとひとこと～人を動かす

人というのはまことに千差万別です。それは皆さんの承知の通りです。

私はここに「人を見て法を説け」という事柄を、記してみたいと思います。

このことを行なっていくにあたり、必要なことは何であるのかを考察してみました。

まず、こちらがその分野での、幅広い見識があることではないか、という点です。違った角度から、言葉を変えて伝えていけますし、そのことは相手にとっても、より心に届くための有効な手段となるであろうと、考えてのことです。

このことは、あなたの心の広さも関係してきましょう。

一方的に、そのことのみを伝えていくのは、ややもすると押しつけとなってしまう場合だってなきにしもあらず、です。

とすると、こちらからは様々な角度から教えていく、伝えていく、のがやはり好ましいということになるでしょうか（それが屁理屈となってしまっては困りますが）。

相手に対して、感情を込めてしまうと、お節介だとか押しつけに形を変えやすいですし、淡々と話すとまた、説教のようにもなります。有無を言わさない、なんてことでやったならば、それは命令になります。

だから、人を動かしたり、人の心をつかむということは難しいことなのですね。

では、そのコツというものがあるとするのならば、はたしてどこにあるのでしょうか。

私が思うには、それは「人徳」にある、のだと考えているのですが…。

人徳は、陰徳を積み重ね、日々心を正し、謙虚な姿勢で、誠実に生き、人に思いやりを持つ中から、自然と身についていくものだと思います。

皆さんはどのように、お考えでしょうか？

（魂の）器広ければ即ち愛深く

愛広ければ即ち（霊）格高し

作・井出章彦

○私の「癒しへの道程」簡潔紹介

私は、昭和三十四年に信州（長野県）に生まれました。

小学生の頃から星・星座に興味を持ち、二十歳前後より「真理」～オカルトとか超常現象・超能力といった類いのものではなくて「真実」～への探求心が強く生じていました。

そして、心の偉大性と普遍性・心の正しい在り方を説いた高橋信次師からの教えを、生前に残された本とテープより学び得ました。

それと同時進行で実践していた武道の中で、中国で特に行なわれている「肉体を鍛えることに重点を置く鍛練ではなく、体の内側を鍛えるという～武術気功と呼ばれている方法」に惹かれていきました。

日本では気の力で人々の病を治すという人物が、ある時、話題とされました。そしてその人物を主人公とした映画も上映されました。

このような事からの影響も重なって、気功の習得を志していくことになり、気の力で病を癒す（医療気功といいます）という力を身につけたいという憧れと願望は強く、気を練る、気を出す、という修練に黙々と励むこととなります。

ところが、一向に成果も効果も現われてはきません。そんな日々模索し続けていた時、

「宇宙生命エネルギー」の活用方法を、個人伝授として得られる機会を迎えます。

【レイキヒーリングと称し、ハンドヒーリングあるいは手当て療法とも称します】

ここでマスター（ティーチャー）としての資格を認定されました。

※宇宙生命エネルギーとは「気」のことをいいます。

このテクニックと合わせてさらにより確実なものにしようと次に、世界屈指のヒーリング・透視能力を持つと言われている先生から、スピリチュアル・ヒーリングの技術を学びます。そして土台・核となる部分を吸収し得ることに多々努め、基盤としてのヒーリングテクニックの認定証を授与されました。

先生との数々の個人セッションを通して、ヒーラーとしての様々なアドバイスや人生の指針等を直接受けたりしたことは、大きな心の財産となり得ました。

そしてこの先生のところからの卒業生であって、今は独立してヒーリング・クリニックを開業している先生からは、残されているヒーリングプログラムの全てを学び、合わせてスキャン～透視指導をも受けました。

「透視」は、（心理）カウンセリングとしても絶大な力を及ぼします。透視は、宗教だとかもしくはそのような団体とは一切関係はなく、訓練・練習を行なうことにより、誰もが身につけられるものだと思っています。

これらは【オーラ&チャクラヒーリングとも称します】。

そしてここではマスターヒーラーとしての資格を認定されました。
※また「誘導瞑想」というヒーリング方法も学びました。心理学でいうところの催眠療法に似ているかな、という気もします。

翌月、シンプルでしかも強力な「癒し専門の技」である気功療法を学び始めます。ここの先生は訓練・修業によって気の力を得たのではなく、ある日突然身についたとのことです。そしてこの能力を十年かかって分析し、誰もが気の力を簡単に身につけられるという方法を確立していきました。

他の会からは「気の照射装置」を購入し、実際にカウンセリング等を何度か受けることにより、治療を体験し、また「気流測定器」も揃えました。この測定器を使うことによって気の流れの変化等をチェックしながら、ヒーリング効果の確認なども行なえるからです。

このような医療気功は、気の力によって癒すことを目的とするものです。

私自身の総括としまして、「国立中国大連大学中医学」日本校の整体学科と、「中医学整体学院」にあわせて入学し、ここで中国整体技術および整体療術を学びました。

中医学整体は、人間本来が持つ自然治癒力を引き出し、身体のバランスを調整するもので、強い力を必要としないのが特徴です。大連大学では「経絡経穴学」「解剖学」「中医学基礎」「推拿学《すいな》」の四科目を勉強しました。

その間に、中国でも一番とされている超能力者から、能力の伝授を受けました（伝授とは、能力のコピーという意味だそうです）。

また、トレーニングなども、日常生活の中でストレッチとあわせて行なっています。ヒーリングミュージックも常に生活の中に取り入れています。アロマテラピーとしての芳香療法も、心に良い作用をもたらしてくれているようです。

そしてそのパワーは「神様からの贈り物」と称されているヒーリングテクニックを伝授されたことによって、今の段階に至っています。

（このテクニックに関しましては、その後、私の天上界での指導霊様が、三日間かけて、私と癒しのエネルギーとを結ぶ回路を、開いて下さいました）

これらの全てを組合せたものを【天地気光 謙 心 會】として創設しました。と言いましても、妻と二人だけの会派ですけれども。

掌から出る「気」は、宇宙エネルギーと一般的には称していますが、これは「神の愛」であり「愛の波動」であると、通信を通して教えていただきました。そして、私が学んだヒーリング方法はそれぞれに特徴のあるものですが、どのように分類したら良いのかという質問に対しましては、「ある一つの病気にも様々な薬があるように、患者もいろいろな薬や先生を選びます。ですからヒーリングも様々にあってもよろしいのではないですか。全てを神の慈悲と総括してもよろしいのではないですか」とのコメントをいただきました。

…お疲れ様でした。

＊一時間の体力トレーニングを日々、実践しています。
＊大学教養学部において心理学を専攻、卒業しました。
＊国立中国大連大学中医学日本校及び中医学整体学院を卒業しました。
＊社会福祉主事任用資格と生涯学習一級インストラクター資格を取得しました。
＊心理カウンセラーは養成講座を修了しました。　＊その他にも数種類あります。
＊趣味は自然・音楽・映画・トレーニングです。年に一度のマラソン大会には出場します。
天使の絵をこれからは、描いていきたいと思っています。

ちょっとオ・マ・ケ～私自身のそれぞれの実力を、心の眼で見た段位として顕しました。
*空手道は三段です。　　　　　　　（技術の腕前です）
*正法は五・三段です。　　　　　　（心の法則の理解度などです）
*通信は五段です。　　　　　　　　（天使とのやり取り能力です）
*気光整体は六・二段です。　　　　（技術の腕前です）
*心理カウンセラーは四段です。　　（技術の腕前です）
*そしてヒーラーとしての段位は五段です。（素質だとか知識、人柄等の総合です）
（平成十二年三月の時点でのものです。尚、諸行無常ですので数字は変化していきます）

※平成十七年より講演会やセミナーおよびセッションを本格始動しています。
　連絡先は
〒413-0021　静岡県熱海市清水町16-17　M・ハウス内
*手紙かハガキでお願いします。（平成十七年五月記）

第三部　夢の章　～良き人生を歩むために

○癒しのためのテクニック〜序　論

いかに調和ある生活を送れるか、ということだと思います。職場だとか社会の中、あるいは家庭の中において、自分自身の心をしっかりと持つことであり、振り回されることのない自分自身であるように維持、努めるということです。

あなたのせっかくの調和を乱してしまうその一番の要因は、人間関係にあると思います。誰もいない所で人と関わらず自分一人だけの生活を送っていたとするならば、心を乱されたりケンカをすることもありませんから、心は調和されたままでいられるかもしれません。

直接に人と話したり行動を共にしなくても、波動というものがありますから、人込みの中に入っただけでも、何かしらの不協和音を感じ取ってしまうこともあります。特に敏感な人ほど、それは強くあることでしょう。

例えば、前を歩いていた人が、手にしていたゴミをポイとあなたの住んでいる街に捨てたのを見た場合だとか、こういったところからすでに調和を乱してしまうような要因が、至る所にころがっています。

このように、この地上界においては常に人との関わりの中で動いていますから、人との何らかの形での接触は避けて通れない事柄です。

ここで、ヒーリングテクニックをいくつか紹介していきたいと思います。日常生活の中において、実践的なものをピックアップしていきます。私自身実際に、ほとんど毎日行なっているもので、その有効性は高いものであると感じています。あなたの時と場合と状況とによって、いろいろと使い分けたりしてみることをお薦めしたいと思います。

紹介していきますのは「スピリチュアル・ヒーリング」及び「レイキ」そして「瞑想」の三種です。どれも多種多様なテクニックを含み持っていますけれども、日常生活にそのまま使っていきやすいものを、紹介していきたいと思います。

尚、これらのテクニックにおいての一部分ではなく、もっと深く広く知りたい、覚えたい、学びたいという方には、各スクールがありますので、そのことについては可能です（ここに紹介している瞑想に関しましては、中国の超能力者からの能力伝授会が開催された時に、そこの会場で、本人よりデモンストレーションとして教えていただいたものです）。

実に様々なヒーリング（テクニック）が日本においても世界においてもありますので、自分に合っているものを選択していくことは出来ます。またそのような専門の情報誌も、何種類かが定期的に発刊されています。

○癒しのためのテクニック～実践編

スピリチュアル・ヒーリングからは「箱の爆破」というテクニックを紹介します。
このテクニックにより、あなたの頑固な、苦痛のエネルギーは解放されるでしょう。

まず、自分の約一メートル前側に箱を用意します。この箱はあなたがイメージで作り出したものですので、誰の目にも写らないものですが、イメージとして「そこに在る」ものとしてください。

この箱の中には、嫌だなとあなたが感じてしまうその原因となっている「過去の出来事」とか、ある物事に対して持ってしまった「不安」だとか「恐れ」、あるいは「怒り」なども入れられます。

この他にも、「トラウマとなっている感情」「良くない感じ」「苦痛」「悪い記憶」なども箱に入れて爆破してください。

あなたが嫌だなと感じたその「感情のエネルギー」だとか、浮かんできてしまう「その画像」を箱に入れるのです。そしたら箱を爆破させます。

爆破の方法は、「箱を一瞬で粉々にする」ことです。それがやりづらかったり、イメージしにくい時には、箱の下にダイナマイトを用意して、そのダイナマイトで箱ごと吹っ飛ばし、粉々にしてしまいましょう。その時に「元いた所に帰れ～」と、粉々にしたエネルギーに向かって心の中で言うことを、お忘れなく。

「自分のエネルギーは自分の頭の上に黄金の太陽として取り入れます」と続けて心の中で言います。

この後、実際に自分の頭の上のその黄金の太陽から、自分のオーラの中、体の中が黄金の光でいっぱいに満たされるのをイメージします。

そうしたらまた、新しい箱を自分の約一メートル前側に用意しておきましょう。

同じ事柄に対して、何回でも何十回でも繰り返し行なうこともあります。その事柄を思い出した時に、否定的な（マイナス）感情が浮かんでこなくなるくらいに、しつこく繰り返し、行なうことをしてください。

このように、あなたから取り除きたい、抜きたいエネルギーを全て箱の中に入れて、そして箱を細かいエネルギーの破片にまで爆破させるのです。

そして、他人のエネルギー、あなたに必要でないエネルギーは要らないので、そのようなエネルギーは、相手に、元の所に、送り返します。

そうすることによって、自分に必要でないエネルギーからあなたは解放されるのです。

それは「もといた所に帰れ！」と、心の中で言うだけで良いのです。

補足しますと、この箱の爆破は、目を開けたままでも、道を歩いている時でも、テレビを観ている時でも、行なえます。つまり、いつでもどこでも出来るテクニックなのです。

また、箱の中には、人間を入れて爆破しても、害はありません。その人から来てしまっているマイナスエネルギーをあなたから取り除くという働きがあります。

ポイントは、「爆破しようとするものをしっかりと箱の中に入れる」ということです。

そして、爆破した後で、粉々になったエネルギーに向かって、「元いた所に帰れ」と心の中で言うことです。

スピリチュアル・ヒーリングでのテクニックは、これだけではありませんが、日常生活においていつでもどこでも使え、そして簡単でしかも有効性の高いものを、紹介させていただきました。尚、スピリチュアル・ヒーリングでの他のテクニックを知りたい方は、スクールに行く前にまず書籍を手元に用意することも、早く学べる一つの方法です。

ヒーリングと言いましても、ここでのスピリチュアル・ヒーリング、次のレイキなどは相手の人（ヒーリー）に手を触れません。あるいは触れたとしても、軽く（フェザータッチとして）手を置くだけです。

逆に、整体、指圧、マッサージなどは、直接にヒーリーに触れていきます。ですから、ヒーリング（癒しの技）と一言で言いましても、その方法は実に様々なのです。

他に皆さんのよく知っているようなものとしては、ヨガだとか体操、呼吸法などもありますし、物を使ったヒーリングには、アロマテラピー（芳香療法）、音楽（ヒーリングミュージック）、オーラソーマなど、また他にも、実に沢山の種類のものがあります。

ですから皆さんは、用途と好み、目的と方法、手段等に合わせて、自由にヒーリングテクニックを選び、学ぶことも、そしてまたセッションとして受けることも出来るのです。

大いに、情報誌などから研究してみても、楽しいかと思います。

次は、レイキです。聞き慣れない言葉ではありますが、逆輸入という形で日本で盛んになったヒーリングテクニックです。世界でレイキの実践者は、数百万人にも及んでいるといわれるほど、ヒーリングにおいて最もポピュラーなテクニックだということです。

このレイキのテクニックの特長の一つに、過去、未来へと時空を超えてエネルギーを送るという実践方法があります。これはとても有効なものになるのではないかと思っています。未来への心配もありますが、たいていの人は、過去のあやまちとか失敗を悔やんだり今もって嘆いたりしてしまうことがあるでしょうから。

そんな時に、過去に焦点を合わせて、エネルギーを送るのですから、その結果、今現在に変化が現われてくることもあるのでしょう。

また、時間でなく場所つまり空間をも越えてエネルギーを送ることが出来ますので、離れた所に住んでいる親だとか友人に、ヒーリングをすることも可能となります。

但し、このレイキは先生からの伝授（アチューンメントと称します）を受ける必要があります。そうしないと形などを知ったところで、使うことは出来ないからです。

※アチューンメントとは、宇宙エネルギーの回路を開くためのものですので、このレイキの実践者になるためには、伝授を受けることが必要になってくるのです。

前述したスピリチュアル・ヒーリングに関しましては、スクールを設けています。また、そのスクールを卒業した人たちも、独立して開業したり、スクールとして技術を教えたりしており、今後も増えていくだろうと思っています。

レイキも同様に、スクールがあります。そして特にレイキのスクールは、日本の中にはいくつかありますので、地方の人でも割合受けやすいのではないかと思います。

ここでレイキの受講内容を簡単に説明しますと、セミナーでは四つのステップ、段階があり、そしてその中で、それぞれの「シンボル」と「マントラ」の使い方などを教わります。前述した「遠隔ヒーリング」のテクニックは、第二段階で学び、修得していきます。

スクールは大学で例えると「私立」となりますので、そのスクールによってかかる費用も様々です。ですから、受講する前に、他の人からのアドバイスを受けるなどしてから、どこのスクールにするのかを決めることをお薦めします。

スピリチュアル・ヒーリングに関しても、レイキに関しても、書籍として出版されていますので、それらに目を通すことによって、さらに理解は深められていくでしょう。

また、こういったヒーリング関係全般を、「精神世界」と称していますが、そのような月刊誌とか、定期的に発売されている情報誌も何種類か出版されています。

次は、瞑想です。瞑想といいますと、座禅を組んで長い時間じっと座り続けるもの、と想像される人も多いでしょう。私自身も当初、そのような瞑想法を行なっていたのですが、朝に行なうといいよ、と教わった瞑想法がまた簡単で、実にいいのです。時間にすると二～三分くらいでしょうか。

この瞑想は、あぐらをかかないで、立ったままで行ないます。

手順を以下に、記していきます。

まず両足を肩幅くらいに広げて立ってください。

上体をやや後方に反り、同時に両腕も四十五度くらいに広げたまま、後ろ側へ持っていきます。この時、無理して腕を後ろに持っていかなくても良いです。自然に持っていきましょう。

次に、両腕を後ろから大きく回して、両手のひらを丹田の所に持ってきます。この時に、イメージの中で黄金に輝くエネルギーを両腕で掻き集め、そして自分の丹田の中にこのエネルギーが入っていくのを想像します。エネルギーが満ちていくことをイメージします。

これを三回くらい繰り返したら、次にみぞおちのあたりに、エネルギーを入れることを行ないます。やはり三回程、黄金に輝くエネルギーを両腕で掻き集め、みぞおちのあたりにエネルギーを入れたなら、次は眉間のあたりへと両手を持ってくる場所を移しましょう。やはり三回程、眉間のあたりにエネルギーを入れることを行ないます。

※一連の動作の中で、左右の手のひらは身体には着けません。ピタッと身体につけるようにして行なったりはしません。羽のように柔らかく、両腕を動かし、それに伴った感じで手のひらを丹田、みぞおち、眉間の数センチ前まで寄せるのです。

最後に、頭の上に両腕を上げ、頭と手のひらとの間に、黄金に輝く太陽が存在しているとイメージしてください。

そうしたら、その太陽が頭の天辺から静かに身体の中に入るのをイメージします。

次に、両方の手のひらを眉間の前に持ってきましょう。この時には、太陽が体の中心を降りてきて、今は眉間の所にあるとイメージしてください。

両方の手のひらをみぞおちに持ってきましょう。この時には、太陽が体の中心を通って降りてきて、今はみぞおちの所にあるとイメージしてください。

両方の手のひらを丹田の所に持ってきましょう。この時には、太陽が体の中心を通って降りてきて、丹田の所にあるとイメージしてください。

この一連の作業を二～三セット繰り返し、最後に合掌をして終了です。

※眉間からみぞおち、そして丹田へと手のひらを下げて持っていきますが、身体に手のひらをピッタリと押し当てたり、押しつけることはしません。数センチ前の所です。

ヒーリング・テクニックはこの他にも沢山ありますし、私自身も時と場合などによっていろいろと使い分けたり、工夫したりしています。

ヒーリングというものは、眼に視えるエネルギーではないために、今まで私はとにかく教わったテクニックを信じて、ひたすらに繰り返し行なうだけでした。当然といえば当然ですけれども。心の眼が開いてからというものは、ヒーリングを行なうたび毎に、チェックしていますが、「ああ、ちゃんとヒーリングが出来ているな」と受け止められます。

そういうことからも、前述した箱の爆破、レイキの遠隔療法、そして瞑想は、心配ありません。

でもやはり理想はというと、指導者について指導を受ける、ということですけれども。

その時には、信用あるところで受講してくださいね。私の場合、どの先生にも恵まれましたので、実にラッキーでしたけれども。

ヒーリングだとか整体は、自分自身にとって、一生の財産となり得る場合だってあるのですから、学んでみても損はないと思いますよ。

私自身、特に独立をして開業するわけではないのに、何故これほどまでにやっているのかな、と時々考えることがあるのですが、帰省する度に、家族に気光整体を行なっていますと、とても喜ばれたりするのですね。それがまた自分の喜びになるのですけれども。

これからは、一家に一人、ヒーラー（癒す人）がいるだけで、医療費などの問題もある程度、まかなえられるかもしれませんね。それに、家族間での和にもなりますし、近所、ひいては地域社会の輪・和にまで発展していくことも十分に考えられることと思います。

○癒しのためのテクニック～その実際

＊スピリチュアル・ヒーリングの実際

私が箱の爆破をする時、何を箱に入れているのかを、箇条書きにして挙げてみました。皆さんも参考にして、様々なモノを箱に入れて、どんどん爆破していってください。

～まずいことを相手に対して、言ってしまったと感じた時、

「○○さんに与えてしまった私のエネルギーを、○○さんから抜いて箱に入れました」

↓爆破します。

～人からの言動によって、自分が嫌な感情を持ってしまった時、

「相手から（名前がわかれば、○○さんからと言い、そうでなければ相手を思い出しながら）受けてしまったエネルギーを全て私から抜いて、箱に入れました」

↓爆破します。

※これらのエネルギーは、確実に箱に入れるように、しっかりとイメージしてください。

※私の場合、箱を『爆破』するというよりも、箱を『一瞬で消す』というイメージです。

～過去の出来事を思い出し、嫌な感情が生じた時、

「今生じてしまったエネルギー、そしてその浮かんだ画像を、箱に入れました」

↓爆破します。

～まずいなと思うことを、行なったり、心の中で思ったりした時、

「行なったこと、思ったことによって、生じてしまったエネルギーを、その画像を、箱に入れました」

↓爆破します。

～特に、思い出して行なう場合は、その時の出来事から時間が経過しているでしょうから、そのような時には、次のように心の中で言います。

「時間、空間、現場を超えて、生じてしまった全てのエネルギーを、箱に入れました」

↓爆破します。

～私の場合、これまでの事柄を一度に行なってしまいます。

「相手に与えてしまった私のエネルギーを、相手から抜いて箱に入れました。私の中にあるこの感情のエネルギーを、抜いて箱に入れました。相手と関わることによって生じてしまった全てのエネルギーを、箱に入れました」

このように、皆さんもあらゆるモノを箱に入れて、爆破させてみてください。

箱には人を入れて爆破しても、何の害はありません。

爆破のイメージが難しければ、箱が一瞬で消えてなくなるイメージでも結構です。私の場合は、このやり方で行なっています。

いつでも、どこでも、何度でも、繰り返し行なってみてください。

一つのモノについて、一回だけの爆破ではなく、浮かんだり、思い出したりしてしまう度毎に、何度でもそのモノを、爆破してください。

この作業は、歩きながらでも、テレビを観ながらでも、いつでもあなたが好きな時に、行なえるテクニックです。

※私の場合は、一つの箱に、いくつかのモノを一度に入れてしまいますが、皆さんの場合、最初のうちは、確実にということもありますので、「一つの箱に一つのモノ」で行なった方が良いと思います。練習を重ねていくと、うまくなっていきます。

※箱を爆破した後に、粉々になったエネルギーに「元いた所に帰れ」と心の中で言うことは忘れないでください。

※箱を爆破した後に、粉々になったエネルギーに「自分のエネルギーは、頭の上に黄金の

太陽として取り入れました」と心の中で言うことは忘れないでください。

※自分のオーラの中に、頭の上の黄金の太陽からのエネルギー、光が、いっぱいに満たされていくのを意識、イメージすることを忘れないでください。

※新しい箱を一つ、自分の前に用意しておくことを、忘れないでください。

以上の事柄が、私の行なっているやり方です。

天使に聞いて確認したところ、このテクニックはこのやり方で、私の場合はちゃんと出来ている、との返事をいただきましたので、安心して紹介してきた次第です。

尚、「デン、デン、デン！」と心の中で言うことにより、爆破のイメージは簡単にしやすくなると、私のやり方から参考までにつけ足しておきます。

＊レイキヒーリングの実際

ここでは、様々にある使い方の中での、「遠隔ヒーリング」に関して記していきます。但し、セカンドディグリー（奥伝と称し、第二段階として捉えてください）を受講してからでないと、使えません。こればかりは、「アチューンメント」と言われている、宇宙エネルギー（気のことです）と同調する回路を開くための儀式を受けないと、たとえ形だとかを知ったとしても、使えないのです。

ですから、まず「レイキティーチャー及びレイキマスター」につく必要があります。ここでは、「奥伝」以上を受講された方を対象としていることを、ご了承ください。

ではその、遠隔ヒーリングの実際を、私のやり方から紹介させていただきます。

姿勢は、立っていても、坐っていても、横になっていても構いません。ですけれども、静かな所が良いと思います。もちろん静かな音楽は、適したものになるでしょう。

胸の前で、左右の手のひらを向かい合わせます。私は、左手を下に、右手を上にします。左右の手のひらの間は、約十五から二十センチくらいあけます（ここにヒーリングしたい相手を、横たわらせます。もちろんイメージでです。この場合ですと、左手のひらの上に、ヒーリングをしたい相手が横たわっていることになり、その上から右手がかざす格好になっています）。そして右手で（第4）→第3→第2→第1シンボルを、ヒーリングをしたい相手に、上からかぶせていきます。

次に、心の中で唱える言葉を紹介します。

「○○さんの頭の天辺から、足の爪先までもが、神のエネルギーによって、満たされました」

「○○さんの全身、全霊、オーラまでもが、神のエネルギーによって、満たされました」

「○○さんの患部へ、その原因となっている所へ、神の光が行き届きました」

と、このように心の中で宣言します（あるいは唱えます）。この三つの言葉を続けて唱えても構いません。

後はしばらく、左右の手のひらを向かい合わせたままの状態でいます。

※あなたの手のひらの上にある相手が、全身光に包まれているイメージをしてください。

※「神の光」のことを、「神の（愛の）エネルギー」と言い換えても結構です。

※このヒーリングは、自分自身にも行なえます。

以上は、天使から教えていただきました言葉です。

○過去世の記憶

私自身の「過去世」を、天使より以前教えていただいたことには、学者、政治家、軍師、開拓地のリーダー、警察官、医者、貴族、武道家など、実に様々な人生を送ってきていたようです。

また、名前が歴史の文献とか資料などとして残っている場合には、その時の四人の（といっても全て自分自身なのですが）名前を教えていただきました。

そして、それ以外に、どのような人物像であって、どういった人生を送ってきたのかについても、いろいろと説明をいただきました。

これらには共通している事柄があります。それは、全くもってその時の記憶が無い、ということです。

例えば、政治に長年関わってきた人生を数回送ってきたのですが、今世実は、一番苦手な科目が政治経済で、そして最も興味のない事柄が政治、なのですね。

極めつけ（なのかどうかはわかりませんが）は、私が過去世において住んでいたことがある場所に足を運んでみましたが、何も感じられませんでした。

仮にある人が、「私は、あなたが過去世において○○○○であったとする人物のことを研究している者です。この人物の解釈として、様々な人が様々なことを言ったり、発表したりしていますけれども、本当のところはどうなのですか？　あなたが、その人物そのものというのであれば、何とか思い出すなどして、真実を伝えてはくださいませんか」と言ってきたとしましょう。

それに対しての私からの答えは「わかりません」、なのです。

「ひょっとして、あなたはその過去世の人物とは別の人なのではないの？」

それに対しては、「う～ん、どうなのかなあ…」と言うしかありません。でも、天使に教えていただいた事柄なので、ウソだと疑う気持ちは毛頭ありませんけれども。

このように、過去世の記憶というものは、全て天上界に置いてくるのですね。

では何故、天使は私の（人の）過去世がわかるのでしょうか？

それに対しては、「その人のアカシックレコードを見ることによって、可能なのです」という答えがありました。

私はしつこいくらいに、私自身の過去世のことを天使に聴いたりしていた時があります。そのような時に天使は、「それはあなたが天上界に還った時のお楽しみです。その時に、自分のアカシックレコードを見てください」と答えられるのです。

では何故、人は過去世の記憶というものを、全て天上界に置いてくるのでしょうか？

過去世の記憶をそのまま持って、生まれ出てしまったとなると、地上界での魂の修行の意味が半減していってしまうのだそうです。以前身につけた事柄を、ちゃんと出来るかの確認だとか、心を縛られないというような意味合いがあるようです。

私は、歴史に関してはと言うと、人物などについては、あまり深く勉強をしてきたとは言えません。ですから、過去世の名前を挙げて教えていただきましたが、正直なところ、何をしてきたのかよく知らなかったのです。今世の私自身の学びでもありますので、図書館や書店で調べた中から、印象に残った事柄に関しては、この本の中の数ヶ所において、引用させていただいています。私にとりましては、それらは温故知新としての意味も含まれています。

天上界にあると言われているアカシックレコードからの記録を基に、それぞれが一体どのような使命を持って生きていたのかを一言で教えていただいた事柄が、次のものです。

・諸葛孔明～国民の平和、幸せ　　・吉備真備～国内の治安
・新井白石～国の平和、安定、学問の普及　　・勝海舟～国の統一

「皆、名より実をとるタイプでした。視点が前向きで、国の全体を考え、私利私欲はなく、国民を良い方向へ引っ張っていくことに努めました。人間関係において、あたたかいものが流れています。敵、味方の関係なく、信頼関係を相手と持て、心が広く深いのです。

特に、戦乱の世に生まれ落ちた場合、神の法則を基として、平和へ導こうとします」

このように、過去世に強く興味を抱いているのは、私くらいかもしれませんが、この過去世というものは、人との関係等において、役に立つのではないかと、考えています。

本書の中で、「反面教師」というテーマにおいて、過去世療法などについて少し触れてきました。人間関係において、眼には見えないところでのお互いの関係であるとか、出来事を知ることによって、今持っている疑問点が氷解されたり、あるいはまた原因不明の暗所恐怖症だとか、閉所恐怖症などといった症状に関しても、その原因を探り、治療していくのに、過去世療法は大きな効果をもたらしているようです。

つまり、過去世を知ることによって、ある事柄に対して、今現象として顕れているその理由だとか原因を探ることが出来、治療としての大きな効果も出ている、ということです。

今、私の手元には、ブライアン・ワイス著の「前世療法」「魂の伴侶」及び飯田史彦著の「生きがいの創造」（共にＰＨＰ研究所）がありますので、これらの本に関しては何かしらあなたの参考の書となるのではないかと思い、ここに書名を記しました。

治療方法として、まじめにそして真剣に研究、実践しています。お薦め出来る本です。

○努力、精進、向上心。

過去世の私は、その文献によりますと、かなり努力家であったことが伺い知れます。例えば、少年の頃、学問に励む中、眠気が襲ってくると、井戸の水を全身にかぶってそしてまた勉学に励んだだとか、あるいはまた、禅と剣と勉学に寝る間もないくらいにいそしんだだとか、そのような記録、記事を図書館や書店で調べることが出来ました。

今世の私は、これは地上界に生まれてくる前からの計画であった、とのことなのですが、まず身体が小さいです。そして柔軟性には人一倍欠けています。そういった特徴なのにも関わらず、これも同じく計画でしたが、選んだスポーツが、器械体操と空手なのですね。どちらも、柔軟性が多く要求されるばかりでなく、こと空手に関して言うと、身体が大きい方が有利であることは言うまでもありません。

こういった条件のため、「バック転」という後ろに跳びはねる体操の技がありますが、たいていの人なら、二〜三週間で出来るようになります。でも、私はというと、三ヵ月はかかりました。しかも、家の中で毎日練習するのですから、しまいには家が傾いてしまいました（初めこの話を妻は信じなかったのですが、私の母親からの説明で、信じるようになりました）。建て増しに来た大工さんから、「家が傾いてしまっている」と言われたので、間違いのない事実です。そのくらいに、練習をしたということになるのでしょう。

空手にしても同じです。ある時から指導する側へと回り、四ヵ月に一度行なわれる審査（昇級試験）には、何人もの生徒を連れて、館長の前で技術をみてもらうことをしていたのですが、毎日一生懸命に頑張っていた彼らは、憧れの黒帯に至るまでに要する期間はだいたいですが、二～三年です。ところが私の場合、途中二度の挫折をしたということもありますが、人の倍の十年を要してしまいました。

ヒーリング能力に視点を移しますが、ここでも同じです。特に名前が知られている気功家の何人かを、その実力を心の眼で見ますと、五段クラスです。そしてそこには「天命」だから、が多く当てはまっています。それと比較すると私の場合は、確かに数字の上での実力は五段ですが、その内訳においては「努力、精進、向上心」と、全く違うのですね。

私は、向上心が強いことから、「目標を決めて、それに向かって努力するのが好き」なのです。それ故に、「未来の自分に対する想いが強いので、今現在をしっかりと生きる、ということが弱い」のです。そしてまた「自分に厳しいので、自己評価が低くなりがち」なのです。

今を大切にすることと、もっと自分を大切にすること、をアトバイスとして受けました。このようなタイプの人は、参考にしていただきたいと思い、テーマとしました。

○自力と他力

このような天使との通信が始まるまでは、私は何でも自分の力でやってやろう、という気持ちが大きかったと実感しています。

例えば、諸葛孔明にしても、新井白石にしても勝海舟にしても皆、質素な中に生きて、その中で努力をし、常に向上心を持ち、目的を持って、目標に向かって、前進し続けていきました。吉備真備にしても、大学者となるには大変な努力が要されたことでしょう。

今世の私にも、とても似たものとして、このような傾向はあります（但し、彼らと比べて社会的な地位だとか名声は、何も無い、という点では大きな違いはありますけれども）。とにかく高橋信次先生の正法を学ぶまでは、どちらかと言うと自力本位という傾向にあったのだと感じられています。

正法を学ぶ中で、守護・指導霊の存在を知識として知るようになりました。そしてこれらは平成十一年十月に天上界の方からの通信、指導が開始されてから、はっきりと、しっかりと実感していくこととなりました。

こうした事柄から、今までの自力が強かったと思える私は、次第にその考え方を変えていくようになりました。

では他力については、どういったことなのでしょうか。

それは、拝めば救われる、何でも願い事は叶うんだ、という考え方のことです。

極端な自力と、何でも他の力に依って生きていこうとするところの他力とでは、このどちらの考え方、思い方も、偏っているものだと言えましょう。

だけれども、自力ならば、人に頼ったりせず、自分の力でやっていこう、としていくのであるから、良いのではないか、と思われる方もいることでしょう。

私も当初、そのような考えを持っていました。ところが肝心なのは、自力と他力の中道ということだったのです。さらにつけ加えて言いますと、ここでの他力とは、拝めば救われるの他力ではなくて、「信心」の方だったのです。

どこが違うのでしょうか。

この違いは、他力は全てとは言わなくても、そのほとんどを他の力を借りて行なおうとしていくものです。

では信心はどうでしょうか。

これは「神を信ずる、天使を信ずる、天上界のお方を信ずる」ということです。そしてあなたが天使の方へ想いを向けることによって、生き方も変わっていくでしょう。

天使はあなたを守り、導くのに常にインスピレーションを与え続けています。それは友人からの言葉であったり、何気なく開いた本のページからであったり、何気なくつけたテレビの番組の中でのシーンであったり、様々な形であなたにメッセージを伝えようとしています。

自分の力だけで、物事を為していこうという気持ちはとても尊いですが、天上界の方を、天使を、神様を信ずる心もそれ以上に大切なのです。

他力信仰とは本来、拝めば救われる、ということを言っているのではなく、神仏を信ずる、天使を信ずる、天上界の方々を信ずる、このような信心のこと、を言っているのであるということを、認識していただきたいと思い、このテーマを挙げた次第です。

天使は、実在します。守護・指導霊は、本当に実在しているのです。そして、あなたを良き方向へと常に導いているのです。そのことに我々は気がついていないだけなのですね。そしてこのことは、あなたは決して独りぼっちではない、ということでもあるわけです。

ここでのテーマに関しては、臨済宗の開祖である栄西から受けた通信の内容を、ここに記して、まとめとさせていただきたいと思います。

「自力と他力との調和、つまりこの両者の中道としての考え方、生き方をしてほしい―

ここでちょっとひとこと～雑感として

フランスにおいて、過去、アルチュール三世という優れた軍師がおりました。この人物のことを記した本によりますと、「彼ほどの軍事行動の妙を得た者はいない。彼は他の誰よりも国民を大事にし、貧乏人に寛大に施しをした…」とありました。私はこの人物に大きな興味を持ち、何度もこの本を読み返したりしたものです。

そこまではよかったのですが、「もしかしたら彼は私の過去世の人物ではなかろうか？」なんて、そのうちに本気というのか、そのように思い込んでしまった時期が、しばらくの間続いていました。そしてそのたび毎に、私は天使に尋ねることを繰り返し行ないました。

あまりにしつこかったのでしょう。天使は次のことを私に伝え、教えてくれました。

「あなたは、アルチュール三世ではありません。二人の相違点はどこにあるのかと申し上げますと、アルチュール三世は子どもの時から神様が大好きでした。あなたの場合は、神様への信仰心が彼ほどには強くはないこともあります。あなたはどちらかと言うと、自分に頼るタイプと言えましょう。それは信仰心が少ないというわけではないのですが。一般的に言うと、あなたは自力本願なのです」

この言葉から、私は信心について考え、それが前述したテーマへとつながったのです。

○文明の進歩

ある時友人から借りてきたビデオテープの中に、マヤ文明の特集をした番組が混じって入り込んでいました。友人も、録るつもりではなく、ほぼ偶然のような形で、ビデオテープに録られていたのだと説明していましたが。

その番組を観るように、天使からの連絡がありました。

このマヤ文明というのは、非常に天文学が高度に発達していたようです。何でも、一年に三十四秒くらいの誤差として、時間が測られていたらしいのです。今では、時計というものがありますから、特に不思議でも何でもありませんけれども、時計のなかった時代においては、その数字というのは、まさに驚異的なものだったのではないでしょうか。

この時代、こういうことをしていました。ボールを使ったゲームを数人が円となって行なうのです。手は使わないで、ボールを地面に落としてしまわないようにして、他の人へとボールを蹴ったりして、飛ばすのです。そして、もしもボールを地面に着けてしまった場合には、罰が待っているのです。今風の罰ゲームなんていうものではありません。それは「生《い》け贄《にえ》」なのです。

つまり、ゲームに負けた者は、神の生け贄となったのです。

ボールのゲームで負けた者は、神の生け贄と称されて、殺されたのです。これは風習として続いていた事柄でありました。

ムー大陸での時代やアトランティスでの時代においても同様です。この時代では、法を説く人たちを処刑するという、とても大きな間違いを犯してきていたのです。そのために、どちらの大陸も、海底に没したのですけれども。

このように、どんなに文明が進化していようとも、人間の心が堕落していてはダメです。文明の進歩ばかりに眼を向けても、人の心がついていっていなければ、おかしなものになるでしょう。ムーの時代も、アトランティスの時代も、そこまで人類（の心）は進歩してはいなかったのです。ですが、今世、今の世の中は違います。

私たちは、文明の進歩よりも、心の進歩に意識を向け、そして日々各自が取り掛かるべきでしょう。

今世、高橋信次というメシアは、心の正しい在り方を、心の法則を説きました。今では船井幸雄氏が、心の正しい持ち方等を数々の著書の中で、書き示しています。そして、そのような事柄を書いたり、言ったりしている人たちが数多く、活動しています。

文明の進歩は人類の進歩から始まるのであり、それは心の進歩にある、と言えましょう。

○未来への扉

一年かけてこの本の作成をしていくつもりだったのですが、わずか二十日間でワープロを打ち終え、そして自分用の製本が出来上がってしまっていました。

マラソン大会とか、試験というものだと、その日は前もって決められています。ですから、その日に合わせて、体調を整えたり、日程やカリキュラムを組んだりして、取り組むことが可能です。

本に関して言いますと、いつまで、という指定日というものはありません。ただ、見直しとかをじっくりとする必要はあると考えて、一年はかけて進めていこう、というような予定は、立てて持っていました。

実際に、ワープロを打ち始めたのは、平成十二年の二月中旬のことで、印刷された用紙をそのままファイルに組み入れていきながら、同時に自分用の製本を行なっていきました。

本のためのストックは、ノート十五冊分として、手元にあります。また、手元にないような事柄でも、指がスラスラと動いていき、というよりも打っていきたい物事が、言葉として、感覚として、画像として、次々と浮かんできますので、ワープロのキーを叩く指の速さがそれに追いついていかない、といった表現が合っているかもしれません。

おもしろい体験をしましたので、ここに紹介していきます。

いつまでには仕上げよう、と考えたその時（瞬間）でした。映像として次のような物が見えたのです。

それは、私の前に長く続く一本の道があるのです。白ともクリーム色ともそんなような色の、幅七十センチくらいの、まっすぐに前に伸びている道でした。

この道が、画像として私の眼の前に顕れた時のことです。「この本はいつまでに仕上げよう」と、そう思った瞬間、道の向こうの方で扉がバタンと閉まったのです。二枚ある扉で、それは押し開き式の扉でした。その扉が、それぞれ左右から閉じたのです。

次に、「今を大切にして、今、打ち込んでいくことに努めればいいんだ。そんな、いつまでなんて、自分が自分を縛るようなことをしなくたっていいじゃあないか」と考えた時のことです。それまで閉まっていた扉が、バッと左右に開き、その向こうへと続くまっすぐな道が見えたのです。


仕事とか頼まれ事でなく、自分だけの物事であるのならば、日程は決めてしまわない方が良いということだと思います。それは無計画、無鉄砲のことを言っているのではなく、今を頑張る、ということが未来へつながる、ということを意味しているからです。

○聞いておいてほしいこと

平成十二年二月のことでした。市のトレーニングセンターへも千回一番乗りをはたし、国立中国大連大学の卒業試験にも合格し、翌月のマラソン大会に向けての練習と、心理カウンセラーのレポート作りとそして、この本の原稿を書いていたそんな時のことでした。喉の痛みと寒気がひどくなり、ダウンしてしまいました。

この時、どうしてこのようなことになったのかを知りました。それは、無理をしすぎてかわいそうだから、休ませよう、ということだったのです。つまり、無理をして重い病気にでもなってしまったら、元も子もなくなってしまいます。それに、マラソン大会に向けての練習も、始めた頃から右膝に痛みが生じており、そのために私は、寒い日には避ける、そして入念なストレッチをする、という計画と実行を守り通すことになりました。

当然といえば当然のことなのですけれども。夜勤明けの身体が疲れている状態であっても、そのまま走ってしまうような少し無謀なところがありましたので、健康面からの安全を考えるならば、それがベストな方法であったことは言うまでもありません。

このように、喉の痛みは少し休んだ方がいいというメッセージであったのであり、そして右膝の痛みは、練習の仕方をよく考えてそして実行していくように、との意味でした。

日頃の私は、煙草ともお酒ともそして、ほとんどテレビとも無縁の生活を送っており、また夜勤の仕事が連続で入る職に就いていますので、健康管理には人一倍の配慮をしているつもりではいます。そしてこの時も、健康管理を怠っていたから、というわけではありませんでした。これも天使からの愛であるのだという一つの例として、皆さんに伝えておきたくて、記述した次第です。

このように、天使はいつも私たちを見守っているのであり、良い方向へ進んで行くように、常に考え、導き、助けてくれているのだ、ということなのですね。このことは、天使と呼ばれている方たちとの通信が行なわれてから、確かな実感として知ることが出来た本当の事柄です。

「私が天上界に還ったら、〇〇様にヒーリングをやって差し上げたいです。それよりも今すぐに、何かお礼をさせていただきたいのですが…」と私は想いをそのまま伝えました。

天使からは次のような言葉がありました。

「自分自身と、自分の人生を大事にして、今を大切にして、生きて行ってください」と。

愛の波動に満ち溢れた言葉を受けた私は、思わず頬に涙がこぼれてしまいました。

天使は誠実で、やさしく、謙虚で…広くて深い慈愛に満ち溢れた存在なのです。

参考として

【参考文献】

・高橋信次著（三宝出版）

＊心の指針107～109ページ…正命（正しく生活すること）より参考

…本書の52ページ「おとなと子ども」へ掲載。

＊心の対話50～52ページ…正しい基準より参考

…本書の22ページ「平等ということ」へ掲載。

※正法を知る、学ぶ、理解するには、高橋信次著の書籍は、是非お読みいただきたいと思います。

【参考までに】

本書の中で「癒しのためのテクニック」等においてスピリチュアル・ヒーリングを紹介しましたが、その参考書籍としまして、次の書名を記載しておきたいと思います。

・レバナ・シェル・ブドラ著（求龍堂）

＊今すぐ人生を変える簡単な六つの方法

※数多い方法、やり方がある中で「箱の爆破」を、本書では紹介、掲載しておきました。

尚、本書の中の文章は、主にスクールで使用したテキストからの抜粋を基に、記しています。

※書籍も出版されていますが、スクールとしても開校されています。

【補足までに】

本書の中での「癒しのためのテクニック」における瞑想のやり方は、中国人の孫儲琳という超能力者による能力伝授会が開催された時に、会場で孫さん自身によるデモンストレーションが行なわれました。本書ではその時のものを参考にしています。

（一九九九年九月十五日、東京ヒルトンホテルにて実施）

第四部　虹の章　～天と地に架けて

第四部は、質問形式で、受けた教えの事柄を抜粋し、まとめていったものです。天使とのやり取り（通信）が始まったのは平成十一年十月からです。主にその時からの記録の中から、書き記していきました。

内容は、ほとんどが個人的なものなのですが、それらを通す中において、多くの人々の役に立つのではないかと考え、ここに八十項目を独断で選ばさせていただきました。

また、この本全体を読むことによって、これらは理解していきやすいと思います。

ここで打ち明けますと、これまでに「天使」と称してきた方たちは、私の指導霊として担当して下さっている天上界如来界の最高責任者であり、天使長である大天使ミカエル様を始めとした如来界の四人の方たちです。また、多数の光の天使が手伝って下さいました。

質問・1

まだまだず〜っと先のことですが、このようなノートが積もりに積もって沢山になった時、「神理のことば」として、世に出すということを考えてみてもいいですか？

かなり神理・正法が入っていますので、人々の役に立つと私は思っているのですけれども…

先のことをあまり考えると、〈今〉が地に足がつかなくなるので、先のことはその時、

考えましょう。過去へのこだわりも同様に、〈今〉にいることを遮ってしまいます。

質問・2

「自分の心をきれいにする」このことを課題、テーマとした場合に、私の場合ですと、必要な事柄は何ですか?

美しいものを見たり、聴いたり、触れたり、自然の中を散策したり…普段の生活で出来ること。質の良いものとの出会い、触れ合い。これらは心に良い作用、影響を与えます。

(例～日の出、夕焼け、花、音楽、芸術、テレビ、読書など)

質問・3

私は何歳で死ぬかは知りませんが、天上界にいた時には、死ぬその瞬間までの予定は、しっかりと決めてあるのですか?（しっかりと決めてから、生まれてきたのですか?）

そうですが、途中で道が変わることがあります。しかしそれは導きからです。

質問・4

どの程度、計画通りに進んでいるかはわかりませんが、計画書を照らし合わせてみて、何か必要な事柄はありませんか？（足りないと思えるところは何ですか？）

天上界的に足りないと思える所があっても、この世的にはその方が良い場合がありますので、はっきりしたことは言えませんが、インスピレーションはその都度送り、導きます。

質問・5

天上界では、区役所のような所で、私と妻とが生まれてから結婚することの手続きをとったとのことですが、もし私たちがそれぞれ他の人と結婚していたら、その計画とは違うものになると思います。そのような場合だと、うまくいかないものなのでしょうか、あるいはそういった事柄は計画ではないこととして、ありえないものなのですか？

また、私がここの街にずっと引っ越して来なかったならば、妻と出会う確率はずっと少なかったと思われますが、そのような場合は何としてでも二人が出会うように、天上界から導くのですか？

章彦さんと雅子さんの場合、他の人と結ばれていたら、二人とも大変な思いをしたでしょう。そして、二人が出会うように天上界から、いろいろと手を尽くします。

※私と妻とは今世一緒になって、ある大きな仕事をする計画をたててきました。だから、私と妻とのコンビでないとまずかったのですね。

質問・6

「アセンション」という言葉をよく耳にしますが、一体どういうことで、何のために今、起きているのでしょうか？　船井幸雄氏の関連の著書にも、大きなテーマとして取り上げられています。

今まで人間がこの世（地球）を我欲で満たしてきたので、その反作用です。アセンションでは、次元上昇つまり地球の次元が一段階上がり、そして優良星になるという情報がありますが、それは正しい事柄です。

日本は人種差別がありませんし、植民地という問題もありません。また高橋信次というメシア（救世主）が出られた関係からも、アセンションの中心地を日本と決めました。

何故私は、日本に生まれてきたのですか？　そこにはどのような意味、役割があるのですか？

質問・7

アセンションがあるから、この時代、この国に生まれてきました。雅子さんも同じです。そしてまた、メシアである高橋信次先生が日本に出られたことも、関係していました。

「心の次元」の違いとは、何を基準にして考えて捉えたらいいのでしょうか？

質問・8

心の深さ、です。

心の眼で見ますと、気功関係の先生は六次元以上の世界から降りて出て来ている方が多いのですが、気功と次元とは関係しているのですか？何か共通しているような事柄はあるのですか？（気功およびヒーリング全般を対象としています）

質問・9

人を癒してあげたいというのは、六次元以上の方が多いです。人の幸せを自分の喜びとしているところが共通しています。七次元となると、一対一よりも家族、町内会、街、市へと、その対象となる愛は大きく広くなり、広く大きな見地から愛を注ぐようになります。

質問・10

心が満たされていない人、お酒を飲まないと言うことも言えず、お酒を飲むといばるようなタイプの人。このようなタイプというのは、次元がかかわってきているのですか？　そして、彼らに接することになった時、どのようにして対応していったらいいですか？　何かガードする方法はありますか？

飲んでいない時、家族や職場などに、その人にとって恐い人などが側にいる場合、自分を正直に出せない…などの理由があります。

特にその人が飲んでいない時に、誠実に接してあげましょう。

次元の低いような所、場所にいても、自分が心棒（芯棒）をきちんと立てていると、マイナスエネルギーは受けません。

質問・11

文句、不平不満、イライラ、怒り、いばる…このような事柄を態度に出してくる人もいます。このような人は本来、地上界においてやはり修行しているのだと思います。ただ本人は、どうしていったら良いのか、どうしたら救われるのかが、わかっていないのだと思います。

もしこのようなタイプの人と接しなければならなくなった時、どのような対応の仕方が望ましいですか?

稲穂のように…そしてまた、スピリチュアル・ヒーリングにおいて学んだ「箱の爆破」も有効な手段となります。

「人」の方ばかりに眼が向いていると、その人が出来なかったりすると必要以上に、腹を立てたりしてしまいます。肝心なのは、人ではなくて、自分の思いと行ないです。人にはやさしく、自分には厳しくすることにより、稲穂は完成されていくでしょう。世の中に、偶然ということはありません。ほとんど全てが、計画なのです。必要、必然、ベストとして捉えてください。

気になることが続く時には、箱の爆破を繰り返すことで良い結果を生み出します。

質問・12

以前、私と同じ職場に、私にばかり意地悪なことをするような人がいましたが、何か過去世において、二人の間に問題があったのですか？その人は何年も前に退職したのですが、今だに思い出されたりするのです。

あなたが意地悪と感じてしまうようなことを相手がしたのは、天上界からの意向であり、この時には「他山の石」としての意味を持たせるためでした。
また、過去世において二人の間に何かあったかどうかに関しましては、あなたが天上界に還った時に、「アカシックレコード」を見ることによって、全てを知ることが出来ます。

質問・13

職場では、そこに来る人たちとの接触も避けられません。中には客だから当然、といったような態度の人もいたりするのですが…そのような人に対して、私が意識をし過ぎるのでしょうか？

各自の役割、個性、魂の性質、心の段階、天上界からの計画、約束、これら全ては人それぞれです。あなたは自分の心に芯を持っていれば、影響されることはありません。

同じ職場とかのポジションで、次元の高い人とそうでない人とが組んだ時、どのような意味がそこに生じるのですか。その人との間に、段階の差が大きくあるような場合です。

質問・14

その人同士の約束だとか、計画からの意味がそれぞれにありますので、一概には言えませんが、この場合の質問に対してですと、心の次元の高くないような人からは、反面教師としての意味と役割を教えてもらうということがあります。

逆に、心の次元の高い人、心のきれいな人、波動の良い人と接することは、心のやさしさとその大切さ、どのような言動をしていくのか、などを学んでいくことです。

職場である人が私に、「君は大人しいからなあ。言うべき事柄は相手に言ってやれ。そうでなければなめられちゃうぞ」というような主旨のことを言ってきました。見解はどうなのですか?

質問・15

「和して同ぜず」です。わざわざ人との関わりの中で波風を立てることはありません。

質問・16

その道では有名な宗教家なのですが、途中でダメになってしまったという人を個人的に知っています。そのようにならないように、我々が特に気をつけるべき事柄は、どういったことでしょうか。

欲を持ってはいけません。

・有名になってチヤホヤされたい欲

・お金儲けをしたい欲

これだけは持ってはいけません。

また、人の悪口を言う、あるいは書く、これもいけません。このようなことをすると、今持っているその感覚は（能力は）、なくなってしまいますよ。

あなたの知っているその宗教家は、特に金銭欲が原因しています。そして人をだましてきていますので、今世、自らが反省して修正していければ良いのですが、そうでなければ（閻魔帳に記録されてしまっていますので）、天上界に還ってから反省行をさせられます。

このような人は、数奇な人生の方向へと、道は逸れていき、そしてまた言動をも、正法から逸れている状態となってしまいます。

質問・17

人の足を引っ張ったり、影で悪口を言ったり、意地悪をしたり…このような、気を許せない人がいたとして、心の次元の高い、低いという言い方ではなく、心の成長という観点からの説明をお願いします。

反省というものをしていると、どこが間違っているのかがわかり、それによって、修正していこうとするから、進歩があります。しかし、反省がなければ、気づかず、素通りしてしまうのと同じです。

ですから、反省がない人というのは、いつまでたっても進歩はありません。

自分の言動というものは、つかみづらいもので、人の言動は逆によく見えます。そこで、自戒という事柄が必要となってきましょう。それが『稲穂』の原理です。

質問・18

「稲穂」のことは、「実る程、頭を垂れる稲穂かな」という言葉として、謙虚さを顕してきている意として、解釈していますが、もう少し具体的に言うと、どのように顕されるのですか？

稲穂＝謙虚＋不動心
周囲の人にやさしく接することと、周囲の人たちの言動に、自分の心を動かされない、という事柄です。この二つが揃って出来ないと、稲穂は完成されません。
また、もし相手に（悪いことを）言ったり、やったりすると、あなたの格が下がります。

質問・19

「稲穂」とは、「負けているようで、実は勝っている」のですね。

自己主張しなければいけない、というのは、一般的というのか、この世的な三次元的な見解ではあるけれども、天上界側からすると、稲穂の原理に勝るものはない、ということです。そしてそれを実践出来る者は、幸せな人生を歩める者であると言えましょう。

※このような通信を通しての天使からの言葉遣いは、私たち人間に対してであっても、丁寧であり謙虚であることを、特筆しておきたいと思います。

質問・20

これまでの教えを思い出しながら、実践に心がけてきたつもりではいます。ある時、今まで嫌で仕方なかったような人が、ある時から変わって見えたのですが、彼は何か変化したのですか?

あなたの魂が磨かれ、レベルが上がったために、そう見えたのです。相手は何も変わってはいません。そして、器が大きくなったということは、これは許容範囲が広くなったということもありますが、今回で言うと、考えてあげる範囲が広くなったと言えるでしょう。

質問・21

私は日頃から習慣のようにして、この事柄はいついつまでにやり終えて、その事柄に関しては、翌月のこの時までにやってしまおう、といういわゆる「逆算」をよくやってしまいます。計画性があると自分では捉えているのですが、この見解について教えてください。

今の積み重ね、が大事です。逆算的生き方ですと、〈今〉がなくなりやすいです。あるいは〈今〉がありません。

質問・22

徳についての質問です。どうすれば徳を積んでいけるのですか。そして、徳を積むと何か良いことがあるのですか。

また、街に平気でゴミを投げ捨てるような人の場合はどうなのですか。

あなたの場合ですと、奉仕でヒーリングを行なっている、これも徳として積まれていきます。またたとえ職場での勤務時間内であったとしても、外に落ちているゴミを拾ったりすると、これも徳となります。

天上界（の天使）は、その人からの祈りを聴く場合、その人個人の徳の数によって動きます。すると徳の数が少ないと、動かないと言えてしまうのですが。今、日本人の平均の徳の数は二十です。天上界が動くには、八十は必要だと思ってください。

徳積みの行為は、そこに見ている人が誰もいなくても関係ありません。何故なら、天上界では、あなたの思念と行為は全て承知しているのですから。

走っている車の中からゴミを投げ捨てるような人がいますが、このような人の場合、徳の数が減るのではなくて、心の段階が落ちます。

また、逆にゴミを拾うような人の場合、徳は積まれることとなっています。

質問・23

使命ということについて、質問します。この言葉から、何か特別な仕事であるとか、特定の人、というイメージを持ってしまうのですが、やはりそれは、「特別」なものなのですか。

使命というと、一般的には、法を説く教祖になるとか、政治家になって社会を良くしていこうとか、弁護士となって困っている人を助けていこうとか、そういったことを思い浮べる人が多いと思います。

実際は、ごく日常のところからあるのです。

目的と役割は、それぞれに皆、自分のこととして決めてきますので、違います。そして使命となると、大それたものを想像すると思いますが、実は自分の足元にあるのです。高いところにある、手の届かないような高いところを目指すようなものが、使命だと思いがちですが、そうではありません。

使命はレベルが高く、大それたもので、そして高いところにある、というものではなく、あなたの足元にあるのです。そして目的と役割は、人それぞれなのです。だから、人と比較したり、人を参考にすることはあまり意味がないことです。

質問・24

自分の人生の進むべき道、ということに関しての質問です。誰でも、どの道を選んで進んで行ったら良いのかがわからないから、苦労したり、悩んだりしてしまうのだと思います。

どの道を歩んで行ったら良いのか、そのアドバイスをお願いします。

誰でも、この地上界に降りてくる前の段階において、天上界で人生の設計図を描いてきます。つまり、計画を立ててきます。

だいたい大まかな事柄を決めますが、それは「人に愛を与えることをしてくるぞ」とか「商人としての環境を選んで、その中で魂の器を拡げていくんだ」「エリートとしての道を進んでいくのではなく、下から、横からの人とのつながりを手段として、人々の心を知りながら、人々を指導していきたい」というように、内容については人それぞれです。

この「核」をまず設定したならば、後はそれに沿ったものをいくつかのパターンとして考えてきます。それは、他にも選択出来る方向は用意されている、ということになり、実際に事実、何本かの道が人それぞれの前に伸びているのです。

心をきれいにし、正しく生きていますと、天上界からの導きがもたらされます。

質問・25

「隣の芝生は青い」なんていう言葉がありますが、どうも他の人の良いところに目が行き、その反面自分の悪いところに目が行ってしまうのですが。

あなたにはあなたの良いところがありますので、人と比較することは必要ありません。また、悪いと思われるような事柄でも、それはいつでも、どんな状態にあっても悪い、かといえばそうではないこともあります。ですから、欠点と思われるようなことも実は、そうではない時もあるのだ、ということなのです。

人と比較することよりも、自分を大切にしていきましょう。

質問・26

正法は行ないが伴うものであると思っています。ところが、知識のみだけで、なかなか行動へと移せない自分がいます。ただ、理念のようなものは、いつも心に持ってはいるのですけれども。

思うだけで実行に移せていない状態への見解はいかがでしょうか。行なうことは難しい、と実感しています。

無理に実践しようとしなくても良いのです。八正道の中に、「正思」という項目があります。心の中で思うだけでも、それも正法の中に入っているではありませんか。

理解は出来ていても、実践となると難しいですが、無理しなくて、よろしいですよ。

質問・27

知り合いの家庭では、嫁姑の関係が良いとは思えない状態です。義母の方では仲良くやっていきたい気持ちは強くあるのですが、お嫁さんの方がそういった気持ちがないように、見受けられています。どの家庭においても共通する手段、方法のようなものはありますか。


そこでの家庭の親を、誰が面倒みていくのか。義母は結局、どの子どもの家庭に落ち着くのか。このような家庭の問題は、いろいろとあることでしょう。

どの家庭においても共通の事として言える事柄は、諸行無常であるのでどのように変化していくのか、動いていくのか、はっきりとは言えないということです。先程の質問にもありましたが、道のパターンは一つだけではないからです。ですが、良くなっていくことの条件として、関わっている人の徳が関係してくる、ということは全てに言えることです。

人格的にふさわしいと思われない人が、職場での役職についているような場合がある、と勝手ながらにも思ってしまうことがあります。職場でのシステムなどにおいて、理由があるのだと思いますが。

何かアドバイスをお願いします。

質問・28

あなたのそのような人との接触は、必要、必然、ベストです。あなたの魂を拡げる、正法を実践する良いチャンスだと思えば良いでしょう。出来ていないという相手からは、反面教師として、あなたの学びの材料とすれば良いでしょう。

あなたが、そのようなタイプの人にならなければ良いのです。

質問・29

上司から全くもって理不尽な事柄を言われる、という話を友人から聞きました。その上司は顔つきを変えて、命令口調で押しつけてくるタイプの人だそうです。よく天罰が下ると言いますが、このような弱い立場の人をいじめる人には、罰というものは与えられないのですか?

天は罰は与えません。

この上司は、自分のことを省みないで、今ある状況は全ておまえのせいだ、と人のせいにしています。そして人にあたってウップンを晴らそうとしています。家庭の中で何か問題事があったのかもしれませんが、それにしても家庭の問題を人のせいだと結びつけるとは、言語道断です。人間とはいえ、公私混同も甚だしいことです。

このような人には、神からの光は当たらなくなるでしょう。それは自分自身の蒔いた種によります。決して、天上界が罰を与えているのではありません。

「作用あれば反作用」で、巡り巡って、自分が言ったことが自分に返ってくるのです。そして、善いことをすれば、良いことが返ってきます。情けは人のためにあらず、とはこの事柄を言い表わした言葉です。

人のせいにすることによって、良いことというものはありません。心の段階は落ちてしまいます。すると、心にスモッグつまり埃があることと同じで、神の光が心に射さなくなってしまいます。そうなりますと、天上界からの、天使からの、その人を守護、指導している方からの加護、善導は自らが受けられなくなっていってしまうのです。

人へ、ではなく、自らに厳しくする必要がありましょう。

私は一度転職をしましたが、前の職場においては、どのような意味、意義があったのでしょうか？
また、転職したことについては、どうでしょうか？

質問・30

前の職場での意義は、弱者の生活を知ること、にありました。いろいろなつらい事柄があったけれども、誰に文句を言うわけではなく、不平不満を持つわけでもなく、行なえることをまじめにやってきたことに対して、天上界からのご配慮がありました。
転職は、章彦さんの今世の役割を果たしていく関係から、必要でした。

質問・31

職場を変えたことから、今まで気がつかなかった事柄が多く出てきました。仕事の種類が全く違うから、当然といえば当然なのですけれども。その中で、私が受話器を握って話し中なのにも関わらず、話しかけてくるという人のことが、まず気になってしまいました。別に悪気はないようなのですが…心の次元とかが、関わっているのですか？

心の次元が関係していることもあるかもしれませんが、大部分は、その人の家庭での躾けに要因があります。何でも「いいわいいわ」で育ってきたという人に、多く見られるでしょう。

質問・32

職場では、ある特定の人から、足を引っ張られたり、影でないことを言い触らされたり…この本の読者に中にも、経験があるのではないでしょうか。そういった方のために、何かアドバイスをお願いします。


静かにやり過ごしてください。

全ての言動は全て、相手に返っていきますから。

こうしていれば、今、誤解している人がいたとしても、それらは解消されるでしょう。

そして、あなたはその人に対して、何にも悪い事はしていないのであるのならば、相手がたとえ誰であろうと、あなたは引け目に感じることはしないで、そして堂々と普通に、自然体でいれば良いのです。

尚かつ、稲穂の如く、謙虚であるようにして、生きて行ってください。

様々な、ヒーリングを施している所や、気功とか整体を施術している所に、勉強のために足を運ぶことがあります。その中で、場所によって波動が違っているのではないか、という事柄を感じているのですが。

質問・33

例えば、そこに働く人（スタッフ）の波動に原因がある場合があります。和気あいあいとではなかったり、また「他のスタッフにではなく、自分だけにお客が指名して来てくればいいいんだ」という考えを持っていたり、仕事そのものにやる気がないような場合です。このようなスタッフの集まる所では、そこの治療院そのものの波動が下がります。

少し視点をずらしますが、いつも清潔に、こまめに掃除をしていると、波動は変わってきます。現実に、章彦さんと雅子さんとで一週間かけて、家の中を大掃除した時、要らない物、余分な物は全て片付けていきましたが、それにより波動を数字として見た時に、以前は八十四だったのが、百にまで上がりましたね。

このように波動というものは、そこの中で生活する人、働く人の考え方や心の在り方によって、変わります。交通ルールを無視して、スピードを出して運転するような人が乗っている車というのは、低い波動のものとしてあなたにも感じ取れるでしょう。

質問・34

ある時、集まりがあったので、集会所に百人ほどが出席しました。途中私は、そこにいたくない、という感情が出てきてしまい、外に出てしまいました。この時、何か原因はあったのですか?

そこに集まってきた人たちはみんな、自分自身を守るために、あえてレベルの低い話をしていました。そのことによって、波動が下がったのです。この雰囲気、この波動を嫌なものだと、敏感にキャッチしたのです。

質問・35

日常生活において、いろいろと考えたりすることもあるのですが、それが他の事柄にまで影響を及ぼしてしまうことも、なきにしもあらずです。そうすると、引きずられるような気がして、時間がもったいないのですが。

何か日常生活のことで、考えてしまうような時があれば、ワクワクすること、ウキウキすることを考えて、行なうと良いですよ。

世の中には、面倒見の良いと思われる人もいるのですが、ややもするとお節介へとつながってしまうように感じる時もあるのですが。私の見方が間違っているのではないでしょうか？

質問・36

手作りのものを、心を込めたものを人に施すことをしている人というのは確かに少ないかもしれませんね。ところが、ここに自分本位だとか自己満足がつけ加わってしまった場合は、その効果も半減してしまうでしょう。俗に言うところの「ありがた迷惑」です。

人へ物事を施したり、言ったりする場合は、相手本位であるように心がけることが大事です。ここでの自分本位というのは、自分の感情が入らないように気をつけることであり、相手本位というのは、相手の立場を十分に考慮し、視点を相手の立場に置く、ということになりましょう。

人の話を深く聞ける、このことと、心の深さとは、関係しているのだと思うのですが。

質問・37

その通りです。

人の良いところは認めようとしないタイプの人間はいます。だからといって、こちらの方で、相手に合わせて、自分のレベルをわざわざ落とすようなことはしなくて結構です。

稲穂とは、不動心と謙虚とが合わさったものである、と以前に説明しましたが、不動心とは「和して同ぜず」を意味します。そして、知っていながらも、わかっていながらも、「頭を下げられる」ということはすなわち、謙虚であることを言います。

質問・38

過去世の私は、大きな仕事をしてきていたようですが、今世の私は目立たない、というのか、大したことはしていないと思っているのですが。それは今世の人生は、骨休めという意味としての計画を立ててきているのですか？

とんでもない!!

生まれてから今までずっと、行ない続けてきたのですよ。

章彦さんは駆け抜けてきました。

一つ前での私の前世から、わずか六十年しか経っていないのに、また私はこの地上界に生まれ出ました。その時の性格と、今の性格とを残されている文献などをもとにして、比較してみますと、何だか違っているようにも感じるのですけれども。

質問・39

時代背景だとか、立ててきた計画の内容などによって、生き方は違ったこととして設定してきますが、性格の基本となるところ、例えばあなたの場合ですと、質素、努力家、向上心が強いなどは変わりません。個性というものは変わることはありません。ではどうして、違うように感じるのかと言いますと、思い方のくせとかは、生まれ落ちた所での環境とか、それからの人間関係によって、左右されたり、変わることがあるからなのです。

ですから、個性すなわち魂の本質は、変わることはありませんよ。

※地球始まって以来の大規模なアセンションの仕事に、今世私は携わっていたことを、この時に初めて教えてもらい、知ったのです。詳細は第五部に記しました。

質問・40

今世の私の性格は、引っ込み思案のようなところが強くあると、自分では思っているのですけれども。
ところが逆に、過去世の私はというと、自分で言うのも何ですが、すごいなあと感じてしまうことが、たびたびあります。
生まれてからの環境などで、表面上の性格は変わっていくとは言いますが…

気弱だと思っていたようですけれども、それは若かったから当たり前です。人にもよりますが、そういう人は大勢います。

特に章彦さんの場合は、こういう性格でやっていこう、という計画です。

今世の章彦さんの役割は、「調和」を基本としているところにありますから、小吉（勝海舟の実父）のようなタイプの人を今世は、選ばなかったのです。もしまた選んでいたら、章彦さんはべらんめえ調の性格となり、目的から外れてしまいます。

ですから今世では、今のお父さんのような、静かで、調和のある魂の人を、父親として選んだのです。それはお母さんに関しても同様に言えることです。全て計画です。

質問・41

何故、アセンションは今世に選ばれたのですか？


法を説く人を処刑したり、神への生け贄と称して、人の命を奪ってきたことをしていたような時代と比べ、今世は人格的に進歩しているからです。

（今世、レベル（心の次元）の高い人（天使）は、普通の生活を送っている人の中に多くいます。目立つような生き方をしていない人の中に、多く出てきています。アセンションの仕事は、決して派手ではないので、本人も他人も気がつかないことが多くあります）
＊今世は明治維新のような世の中の革命より、各自の各自への意識改革が先決となります。

質問・42

アセンションの最中に私はあるとのことですが、まず私自身の仕事を終えたならば、どういった人生をこれから先、送っていくのですか？

また、アセンションの仕事として、まだ他の面からの関わりをも、計画として立ててきているのですか？

アセンションが無事に終わったならば、安定期に入るのを見守ります。そしてその間に、アセンションなどで疲れている人を癒してあげるのも、章彦さんの役割とも言えます。

ですから、アセンションで疲れた人と出会った時などには、ヒーリングをやってさしあげてください。出会いがなければ、全くヒーリングをしなくても構いません。

あなたは、「そこにいるだけでヒーリングになる」人です。だから、職場では窓口のポジションだという意味もあります。今の職場の波動を数字で言いますと、あなたが来るまでの数字は百のうちの五十でした。あなたが来たことによって、今の職場の波動は九十八にまで上がりました。

この本に関しては、人々を安心させる、という役割を持つものとなります。

尚、アセンションの後に訪れるのは、ディセンションです。（※詳細は質問・80にて）

私、ミカエルを始めとして、八次元以上の光の大天使たちは、アセンションが始まる前から、アセンションの役割を担って地上界に出てきた者たち以上の苦労を、味わってきています。もちろん今現在においてもです。そうでないと、地上界で仕事をしている者たちを指導することは出来ませんから。

アセンションの仕事を担う、と聞くとすごく派手、と言いますか、たいそう目立つような仕事の内容をイメージするのですけれども。私の今までの人生を振り返ってみても、あまりピンとこないのです。

質問・43

アセンションの仕事としては、日常生活の中で、至る所にありました。それは何だったのかを知るたびに、驚かれるような事柄も多くあると思います。例えば、社会人になってからの大学卒業だとか、幾度かのマラソン大会出場完走といったような事柄から、音楽の曲選びのような細かな事柄までです。これら全てがアセンションに関係していたのです。日常生活の中でこなすことによって、アセンションにつながってきたのです。

全てを一つ一つ行ない続け、章彦さんと雅子さんの二人はクリアーしました。やり損ねた事柄はありません。

章彦さんは過去世において、何度も政治家として生きた時代がありましたが、今世、政治家にならなかったのは、名より実をとったからです。アセンションの仕事は決して、人の目につくような、目立つものではなく、むしろ地味だと言えましょう。自分本位、自分中心ではなく、心が広くて高い人が、関わるための条件となるとも言えましょう。

質問・44

またアセンションの質問となりますが、今現在の進行状況はいかがなのですか?

アセンションは、ムー大陸の時、アトランティス大陸の時にもありました。今よりも、小規模なものでしたが、失敗したのです。人類の心が堕落したのが原因でした。今世は今のところ、うまくいっていますよ。

ノストラダムスの大預言が、草の根的に読まれていたことからも、役に立ったのです。(こうなったら嫌だなあ、と多くの人が思った事柄が、役立ちに結びついていきました)ノストラダムスは七次元の人で、役目がありました。預言書は、結果的にはアセンションに向けて、成功に向けて、というような形になりました。

私たち天上界での八次元以上の大天使たちは、地上界でアセンションを担っている人間たち以上に、大きな苦しみとつらさを体験し続けているのです。

ですから、「蚊帳《かや》の外」ということは、決してありません。

以前までは、大晦日などで年が変わるなんていうと、ウキウキというのか、妙に時間の経つのを意識していた覚えがあるのですが、今年は、西暦二千年になるという節目にあたる年であったにも関わらず、全く気になることはなかったのです。この変化は何ですか。

質問・45

魂の自由度、つまり心の自由度が増したからです。
心の学びが進んだからです。

市のトレーニングセンターへはがむしゃらに通った、という感じがしていますが、やはり何か意味がそこにはあったのですか?
結婚してからは、必ず妻も一緒に行きましたが。

質問・46

ここへ通うことはアセンションの一環としてありました。千回一番乗りを達成した今は、もう行く、行かないは好きで良いです。
雅子さんと二人で行くことにも、大きな意義がありました。それは、夫婦の調和という事柄からです。二人仲の良い、調和のとれた姿を通して、調和というものを川の流れる如く、人に示していきました。すると「これでいいんだから」と、勇気を持って堂々と行なえる人も出てきます。こういった大きな影響を二人は、人々にもたらしました。

質問・47

アセンションのことは、単に次元上昇という言い方をしていますが、このような捉え方でいいですか？

地球の意識に人間の頑張りを示し、伝え、人間の良さをわかってもらう。
すると地球は承知してくれる。
また同時に、人の意識を、心の段階を上げる。
そして地球上の悪い波動をなくす。
すると次元上昇つまりアセンションとなっていく。

※第五部～壮大なるプロジェクトと照らし合わせると、わかりやすいと思います。

質問・48

ヒーリングに関しての質問です。受ける人（ヒーリー）に効果のあるヒーリングをしたいということは、どのヒーラー（癒しを施す人）も願っていることだと思います。全てのヒーラーに共通するポイントは何ですか。


自分自身の能力を信じて行なうのが大事です。

ヒーラーの心、気持ちが乱れている時などには、効果度といった数字は下がります。

そしてまた、ヒーリーとヒーラーとのお互いの信頼関係も、大きく関係、影響があります。「この先生からのヒーリングは、私にとってはとても効くから」という思い方で来るヒーリーには、優れた効果が期待出来ていきましょう。

ヒーラーの人間性も大事です。日頃の生活態度だとか、心の在り方などが波動となって顕れたりもします。それがヒーリーへの印象となったり、効き目として顕れたりしますので、ヒーラーの日々の心構えなども技術同様、大きなポイントとして関わってきます。

尚、章彦さんを通して出ている気は、宇宙生命エネルギーと天上界からの愛のエネルギーです。

質問・49

レイキというヒーリングのテクニックの中で、いくつかの作用として次の・の項目があります。はたしてそれは本当なのですか。質問を箇条書きとした事柄は次の通りです。

・十年後などの未来の自分に会う。
・未来の自分に光を送る。
・歴史上の人物に会う。
・カルマの解決。

全て可能でしょう。

答えの顕れ方は、本、テレビ、ラジオ、夢、人からの何気ない言葉などの様々な形として、あるでしょう。

ここの質問にはありませんが、スピリチュアル・ヒーリングにおいての「箱の爆破」というテクニックも、自分から余計な、不必要なエネルギーを取り除く、という作用として大きな効果があります。練習によって、その効果度はどんどん高くなっていきます。

いずれにしても、どちらも素晴らしいテクニックです。

質問・50

レイキにおける効果というのか、効用を天上界から見た視点で教えてください。

宇宙エネルギーが相手に届いていきます。
ヒーラー（ヒーリングを施す人）の、人を癒していきたい、という想い方、生き方にもエネルギーの強さは関係してきています。

※入院中の知人に、レイキの遠隔ヒーリングを行なっていた時のことでした。「光を入れないで！」と天使から言葉が突然届きました。重体の身体に光が入ると、バランスを崩すというのです。それほどに強いエネルギーなのですね、レイキというものは。

※以前、臨済宗の開祖である栄西からの通信を、受けたことがあります。内容は「調和のとれた考え方、生き方をしてもらいたい。中道として、生きていってもらいたい」と、私個人の事柄として、アドバイスをいただきました（天上界に還ると、地上界のことがよく見えるようになります。生きている時というのは、わかりづらいものです。だから天上界から、わかってくれそうな人に情報としての通信を送り、伝えてきたとのことでした）。

この後、天使からの補足がありました。「天上界では、今、レイキがすごく普及しています。レイキの遠隔によって、過去を修正することは出来ますので、皆、その方法を利用して、行なっています」と。

質問・51

本書の第三部において紹介した、瞑想についてはいかがでしょうか。

身体の内側が浄化されます。
そして気分転換にもなります。
健康法としても良いでしょう。
感覚能力を磨くとか、能力開発の助けにもなります。

※坐って行なう瞑想方法につきましては、そのやり方の模様をビデオにて販売されており、その中から学ぶことが出来ます。尚、実演は孫儲琳さん本人です。

私の性格のためなのかもしれませんが、人からの話を聴く場合、相手を無条件に受け入れる、という方法もあるのですが、私としてはやはり、ズバリと解決策だとか答えを伝えた方が、早く解決するのではないかと思うところがあるのですが。これは、カウンセラーとして世界的に活躍している人の、実際のセッションを体験する中で感じた事柄です。

質問・52

この世には完璧なものはありませんから、章彦さんがそのように思うのも、もっともなことです。

角をたてたくない、と考えて行なっている人もいるということです。

直接に解決にはつながらなくとも、中立的立場から自分の味方となってくれて、そして信頼関係が持てて、安心して話を聴いてもらえる人、というタイプのヒーラーおよびカウンセラーを好む人（ヒーリー）もいます。自分が変化するのを恐がる人が好むのでしょう。

様々な人がいますので、様々なタイプのヒーラーがいてもよろしいのではないでしょうか。

ヒーリーが、自分に合ったヒーラーを選んでいけば良いのです。

質問・53

心理カウンセラーの勉強をしていく中で、「つらい事柄の再体験」に関して、あれこれと自分なりに考えました。何があったのかを、カウンセラーに話せる段階に自分があれば、構わないことだと思うのですが、まだその段階にまで至っていない場合は、どのように話をしていったらいいのだろうか、ということです。このことを、カウンセラーの立場とヒーリーの立場からつい考えてしまいましたが、見解はどうでしょうか。

「つらい出来事を思い出して語る、このことは再体験となるので、つらい。親だとかは心配してきて、何があったのかを尋ねてくるけれども、その気持ちは嬉しいのだけれども、本人にとってはつらいのだ」という趣旨の事柄だと思います。

この時のつらいという事柄を訴えてくるその感情を受けていくのが、心理カウンセラーの役割と言えるのかもしれません。感情とは、霧のようなものですから、その霧が晴れると、実体が見えてきます。実体が現われてきます。この時ならば、本人（ヒーリー）は出来事に対して、深く見つめたり、考えたりしていきやすくなりましょう。

まず、その出来事よりも、感情を受けとめてあげることの方が、先決となりましょう。

質問・54

私も社会人として社会に出てからは、それなりに多くの人と接する機会がありますが、そうした中において、常識から外れているというのか、礼儀を知らないのかなと、私でも感じてしまうような人と接することが度々あります。

このような人のことを、教えてください。

そのような人というのは、苦労知らずとして今まで生きてきました。だから、そのように思われるような事柄を、本人はわからずに、してしまうのです。

ここでつけ加えておく事柄として、心の次元と常識、教養とは関係ありません。何故ならば、環境がその人をつくるからです。

ですから、生まれ育ってからの環境が、いかに大切なのかがわかると思います。

尚、たとえ環境が良いとは言えない条件であったとしても、本人の意識と努力によって、改善していくことは可能です。

そのようなことを行なわないで、環境のせいにしてしまっていては、進歩も向上も、また成長も望めないでしょう。

質問・55

人も五十歳を過ぎる頃となりますと、分別だとか礼節、常識などが養われ身についた、一人前の人間なのだ、と今までは思ったりしていたのですが、最近ではこの事柄に当てはまってはいないと思われるような多くの人と、出会ってしまいました。私個人の思い方に過ぎないのかもしれませんが。見解があればお願いします。

その人の生い立ちが、関わってきます。

例えば、厳しい躾けではなくて、許されて生きてきている人の場合ですと、物事を深く考えていなかったり、人の気持ちに対してあまり気を使うことはしません（ですけれども中には、人間関係をうまくやっていきたい、という気持ちを持ち合わせている人もいますけれども）。

また、他の人が一生懸命になって行なったその結果が失敗だった場合に、鼻で笑うようなことをしたり、（本人が目の前にいなくてもですが）バカにしたように言ったりするようなことをするタイプの人というのは、努力の尊さを知らないのです。物事に打ち込んだことがないような人に、多く見られます。

質問・56

苦労をしたことがないと、余計なことを相手にポッと言ってしまったり、そのことを当の本人が、気がついていなかったりすることがありますが…

その人の今までの体験してきた苦労だとか、人生経験もありましょうが、他の意味からもあります。

本来人間は、神に近い存在であり、とても素晴らしいのですけれども、強い立場の人からいじめられたりすると、その事柄が心のどこかに残り、自分よりも弱い立場の人に対して、今度は自分の方から、自分がされたのと同じような事柄をしてしまったり、言ってしまったりしているようです。

ですから、苦労だとか人生経験は、関係していないとも言えます。たいていが後で、自己嫌悪に陥ったりしています。

※正見、正思、正語という八正道からの中道の教えは、全ての人に必要で大切な教えとなっているのですね。

何気ない相手からの言葉にも、グサッときてしまうような時がありますが、一体何故なのですか？

質問・57

言葉には力があります。

それは二つの理由からです。

一つは、何でもないような言葉であっても、そこに発した人の感情、想い、波動が乗ってしまいますと、その言葉に何らかの力が加わるのです。それは、良くない方のパワーとしてであったり、そうでない場合の時もあります。人を励ましたりするような場合には、良い方のパワーとなりますが、言葉を発する人の心の状態によって、性質は変わります。

もう一つは、言葉そのものの持っている力です。

言葉には力があります。発する人の心の状態を度外視しても、それは言えることです。このことを「言霊《ことだま》」と言います。

そして言葉は、様々な影響を受ける側に与えているのですから、言葉を発する側の人は、気をつけて発するように意識していることは大切です。

質問・58

先日、妻と一緒に写真を撮りました。空手の道着を着てのものです。ここからは良い波動が出ていると教えていただきましたので、この本の巻頭に載せましたが、どのような種類の波動なのかを、具体的に教えてください。

その写真からは、愛の波動が、大きく広く、多く出ています。そして、心の癒しの効果があります。純真たるエネルギーで、魔除けとしての効果にも優れています。

質問・59

この写真を撮る場合もそうでしたが、例えば天上界からある何かを行なうようにとの、（アドバイスというよりも）指示を受けた時に、その事柄を実際に行なっていくとなると、それはまるで「自力」のような感じがするのですが、近頃では何かが違うな、という思い方をしています。そこには何か見えない力とでも表現すればよいのでしょうか。そういった何かが、働いているような気がするのですけれども。

天上界では、実は、やり遂げられるように導いています。行く手にある障害物を取り除いたり、スムーズに物事が運んでいけるように、力添えや段取りを組んだりしています。

質問・60

私個人の生活をまず頭に入れて、そして他の人の生活を知るたびに、何故こんなにも違うのだろうか、と最近では特に強く感じてしまうようになりました。私の生活はアセンションに関係していたことと、私自身の魂の本質が、努力することが好きで、常に向上心を持っていることが、大きな要因であることを知ったこともあると思いますが。

でも、あまりに人とは違いすぎるので、私が片寄りすぎているのかなどと考えてしまったのですが、これについて教えてください。

宇宙の法則、神の創られた法則では、皆、上を目指していくのが本当です。しかし地上界では、皆「今が楽」をと考え、このことを中心に行動に移していきます。質問での対象となったようなパターンの人が、地上界での一般的な人と考えて良いでしょう。そして四次元、五次元の段階の人に多くみられます。

質問・61

私の知り合いに、たびたび調子が急に悪くなるという症状を抱えている人がいます。精神が不安になる、という表現をしているのですが、その原因についてはサッパリわかりません。

この原因と対処方法を教えてください。

原因は、人からの「怨念」のせいです。ある人からの「生霊《いきりょう》」が、彼女のもとへと矢のように来ています。

これは、今世二人の間で出来てしまったカルマからです。彼女は何も相手に対しての悪い感情は持ち合わせてはいませんが、先方からは、彼女に対しての恨みの想いが強くあるようです。

この想いは「嫉妬」からきています。先方が人生において、うまくいかないような時に、彼女のことを思い出し、恨むのです。お門違いもいいところですが。

そのことへの対処方法ですが、相手の幸せを祈ることです。そうすれば、彼女自身も、先方も、幸せになるでしょう。

慈悲魔という言葉を人から聞いたことがあるようですが、この場合は該当していません。相手の幸せを心から祈ってあげることです。但し、相手本位になってしまわないでください。この場合の相手本位とは、自分というものを相手に明け渡してしまうことです。

自分は自分として、しっかりと所有していてください。

質問・62

心の眼で人の心の次元、段階を見る時に、「大元」と「今現在」との二つを教えていただいていますが、どのように分けて理解したら良いのでしょうか？


その人の本質は大元で。

今世の判断は、生まれてからによるので、今現在の地上界での次元を聞いた方が良いでしょう。

また、この二つには差が出てきます。何故かと言いますと、よっぽど環境が良くないと、何の問題もなくスクスクと育っていくことは、出来ないからです。

人からは足を引っ張られたり、意地悪されたり、競争があったりなど…厳しいのです、この地上界、現象界は。

私個人の場合ですが、アセンションのために気功およびヒーリングに関しての計画を生まれる前に天上界において立ててきたとのことですが、全てその道の専門の先生が必要です。やはり先生とも同じように、会う計画を立ててきていたのですか。

質問・63

そうです。

ポイントとなる人を選んで、決めてきました。つまり、その人とは出会うべくして出会っているのだと言えましょう。

中には、逢えないなら逢わなくても良く、逢えたならそれで良い、という程度の関係の人もいますので、その重要度といったような深さは、対象となる相手によって様々ですけれども。

縁、についてお聞きします。夫婦、親子、兄弟といった関係となりますと、縁もより深いものとなっているのですか。

質問・64

その通りです。

例えば章彦さんの場合で言いますと、妻の雅子さんとはやはり夫婦であったり、また、親子、親しい間柄でありました。えみ子お姉さんとも同様に、章彦さんが武道と学問を教えている傍らで医者としての仕事をしていた時に夫婦でした。姪のあずさちゃんは、この時の二人の子どもです。そして姪のつかさちゃんの方は、章彦さんが南米において開拓する人たちのリーダーであった時の奥さんでありました。

どの時代においても、だいたい形は変えても、今と同じようなメンバーが集まります。

そしてこのような事柄は、まず生まれてくる前に、天上界で話し合いなどをして、区役所のような所に届け出をします。

ですから、全て約束をして生まれ出ているのです。

学校、職場だとかサークルなどで出会う人の中にも、縁のとても深い人はいます。

そして、いつ頃にそのような人と逢うのか、といったような時期までをも設定してきます。入社してからだとか、ヒーリングに興味をもってからだとかのようにです。

人との出会いに関しても、天上界からの導きはあります。徳の積んできているような人ほど、天上界では協力をしていきます。

質問・65

歳若くして亡くなった魂は、その後どうなるのですか。

歳若くして、天上界に還ることには、それがその人の役割だとか、目的、計画だということがある場合があります。

天上の世界に還った魂は、地上界に降りてくる前の生活を送ります。肉体は子どもでありましても、天上の世界に還ればおとなです。

また、赤ん坊だとか、不慮の事故などの水子のような場合は、天上界でしばらくの間、天使が見守ります。その魂が、地上界に降りていく前の状態にまで成長していくのを助けます。

質問・66

肉体は滅んでも、魂は永遠に不滅であると言いますが、天上界では私たちは一体どのような生活を主にしているのですか。

皆、魂を磨くための修行をしています。と言いましても、この地上界での修行とはまた少し違います。霊格の高い人は、地上界に出ている人たちを、天上の世界から指導したり、あるいはまた天上界においても、他の天使たちに法を説いています。

全体的に言いますと、皆、魂の成長、進歩を目指し、正法を学びながら、実践するという生活を送っています。法を説く役割の人から、話を聴いたりしながら、己れを高めていきます。

質問・67

前の質問と重なるような内容なのですけれども、特に先祖の方が気になる人は多いと思います。私も先日、人からこのような質問を受けましたが、このことについてはどうなのでしょうか。

皆、天上の世界へ還ります。そこでは、この地上界での心の垢《あか》をまず、取り除くことをしていきます。そしてそれぞれが、自分の家へと戻っていきます。この家には、その人の魂の兄弟たちが住んでおり、この地上界とは違った、調和ある生活を、魂の兄弟たちと共に、送っています。

さらに続けての質問となりますが、自分の家に戻って生活をしている人たちの年齢に関しては、どうなのですか？　地上界を去る時の年齢のままで過ごしているのですか？

質問・68

天上の世界においては、この地上界を去った時の年齢とは限りません。自分の最も好きな年齢でいられるからです。但し、心の垢をきれいに取り除けてからのことですけれども。垢がきれいに取り除けていないうちは、地上界を去る時のままの年齢です。

※私は、天上界での私自身の姿を、天使より見せていただいたことがあります。年齢は二十三、四歳くらいでした。小高い丘の上に立ち、白い服を身にまとい、大勢の天使、人たちの前で正法を説いていました。

そばに三人の方が来て、その状況を観ています（後程わかったのですが、その三人とは、お釈迦様、イエス様、モーゼ様でありました。この時、法を説いている者たちの様子を、観て回っていたとのことです）。

そこは、空はとても青く、大変に美しい緑が沢山、敷き詰められている場所でした。

質問・69

数ヵ月前に、私ととても近しい間柄の人が、永眠しました。その数時間前に、病院に見舞いに行った時のことです。ベッドで横たわっている彼の一メートルくらい上のところに、五人くらいの子どもの天使が、私には見えたように感じられました。眼の錯覚だったのでしょうか。


眼の錯覚なんかではありませんよ。天使がずっと見守っていました。

この方は生前に、とても徳を積まれて生きてきていましたから、末期の肺癌という状態にも関わらず、痛みは多くはありませんでした。

そして魂が肉体を離れてから、天上界に還っていく時に、彼を迎えに来ていたのは、彼の生前の時の両親と、天使たちです。

彼はとても心がきれいでしたので、そのまま天上界にある自分の家に、戻りましたよ。

天上界に還った人たちからは、この地上界の様子は見ることは出来ます。ですから、家族、親族、友人などの方からは、今のこの現象界で生活しているあなたの様子は、見えてわかっています。ただ、あなたがたの方からは見えないし、わからないだけなのです。

質問・70

生前に関係のあった人（例えば親だとか子ども、友人など）とは、天上界でお互いに会うことは出来るのですか？

出来ます。

以前までは、次元の枠が設けられていましたので、段階というものがあり、下の次元、段階の人からは、上の次元、段階の人に会いに行くということは、出来ませんでした。逆に、上の段階の人が下の段階へと降りて、人と会うことは出来ていましたけれども。

天上界のシステムの秘密事項なのですが、今、天上界での次元の枠を取り外す計画を、ミカエルたちが立てています。「天上界も地上界と同じように、横の世界となります」

※天上の世界においては、心の段階と言われている次元が、四次元から九次元までであることを、本書の中で記してきました。それは縦の構造をしているのだと言えましょう。

今、その次元の枠を取っ払って、横の世界にしてしまおう、という計画を立てているのだそうです。

この地上界に出てくる時に、どのような仕事を各自で決めてくるのですか。

そして何か規定のようなものがあるのですか。

質問・71

その人の魂の器の度合いによって、違ってきます。それは、大勢の人を助けるために出てくるだとか、己れの魂の修行のために出てくるだとかです。

ですが神ではありませんので、根底では皆、己れの魂の修行を目的としている、と言って良いでしょう。

さて、仕事の方ですが、生まれ出る時の時代と、その人の魂の傾向などによって、決めていきます。例えば、いつも激動の時代を選んでくるというわけではありませんので、政治家の時があっても、違った時代では、一般のサラリーマンとしての仕事、人生を選んで決めてくる、ということもあるわけです。

いずれにしましても、あなたの魂の傾向と目的、それと時代背景とを考慮したうえで、仕事、職種などを決めてきますので、パターンに共通性があるとは言い切ることは出来ません。

お経というものがいろいろにあるようですが、私には何が書いてあるのだか、サッパリわかりません。漢字ばかりですので、尚更です。

お経というものを、どのように捉えたらいいのですか？

質問・72

暗記したり、諳誦したり、模写することよりもまず、書いてある内容をよく理解し、それを行なうこと、です。毎日の生活の中で、その教えを生かして、実践していくことです。

※般若心経においては、高橋信次先生が著書として出されています。この書籍を読むことによって、理解は深められていくものと思います。〜「原説般若心経」（三宝出版）

質問・73

正法、仏法は、この地上界において我々が生きていくのに、なくてはならないものであることは、理解してきたのですけれども、このような正法、仏法というものは、地上界だけで通用する教えなのですか？

また、天上の世界に還ったならば、もう正法、仏法は必要ではなくなるのですか？

正法は心の法則であり、神の作られた法則でありますから、地上界、天上界の区別も境もなく、なおかつ永遠のものです。

またそれは、人間だけではなく、この大自然、草、木、花など、全てに適用されます。人間はこの地上界においては、肉体というボディーをまとっていますが、本来は魂と、その中心である心が、その人の全てなのです。そしてこの魂、心というのは不滅であり、永遠のものであるのです。

ですから、正法というものは、永遠に生かされていく教えなのです。

今残されている仏教の教典や聖書などは、これまでに二千年以上の間に、人間の知と意がそれらの中に入って、解釈されているために、難解であったりするのです。

正法は、知識だけの学問でもありませんし、道徳ともまた違います。人間が生きていくその指針とか、道標を示しているものです。当然そこには、心の正しい在り方であるとか、心の普遍性の法則が、ちりばめられているのです。

※今世、メシアとして生まれて、お釈迦様、イエス様の教えを、正しく説かれていった、高橋信次先生の著書を、お薦めしたいと思います。

質問・74

人はどうして、同じ人間同士で争ったりするのですか？

自分さえ良ければ、という自我我欲が、根底にあるからです。

自分中心、自己本位の想いを持ち、それぞれが自己主張しています。そして譲ろうという気持ちはなく、「我」を前面に押し出し、押しつけ、押し通そうとしています。こうして双方がぶつかり、やがて大きくなっていったのが、戦争です。

三国志の中で、軍師として活躍をした諸葛孔明は、戦争のための戦争を、目的とはしていませんでした。ああいった時代背景ということもありましたが、彼の目的は、国民の平和、幸せにありました。決して、上に立つ者たちの欲を満たそうとしたからではありませんでした。

勝海舟も同様です。彼は幕府の人間でありながら、その眼は日本という国全体を見つめていましたから、彼の胸の中には、幕府派も天皇派もなかったのです。国そのものを見て、国の統一のことを考えていました。

戦争という大きな規模のものに限らず、日常の生活、社会の中においても、我を出すと、人とぶつかりやすくなります。

天上界では、上の（界の）者ほど謙虚です。

質問・75

勝海舟の語録を読みました。胆力がすごい、と驚くばかりです。今世の私は、時代背景が違うこともありますが、勝海舟との相違点を教えてください。

章彦さんは今世、「調和」を目的として、生まれ出てきました。それは、アセンションのための、「人類と地球との関係」からです。地球と人類とを調和させる、という役割からです。

性格も、そのようである必要がありましたので、環境も、両親も、その方向へ進んでいくように、そのように成長していくように、それらの事柄を設定し、決めてきました。

今の時代が、勝海舟の当時と同じようでしたなら、章彦さんは勝海舟と同じように、今の世も生きていたでしょう。

質問・76

この本の出来栄え状況を、その都度、点数として尋ねてきましたが、ある時、点数が上がらないで逆に、下がってしまいました。文章の内容としては、あまり変えてはなかったつもりなのですが、どうして点数が下がったのですか。

章彦さんに、「早く」という気持ちがあったために、その波動が紙面に乗っかってしまいました。そのために、点数が以前より落ちてしまったのです。

質問・77

いわさきちひろ、という画家が描いた絵の一枚に、とても気に入ったものがあり、この絵に対して、大きな親愛の気持ちが生じています。その影響で私自身も、この本のためにと考えて、天使の絵を描きましたが。

そこに描かれている男の子の波動と、あなたの波動とが近いから、親近感のようなものが生じました。絵からも波動は出ています。そして、あなたの描いた天使の絵ですが、一枚は章彦さんそのものの波動であり、もう一枚の絵は、ミカエルと同じ波動が出ています。

質問・78

私は転職の経験もありますし、様々な人との出会いもありました。当然、人との別れなどもあります。皆に共通していることですが、どうして職場を変えたり、人との別れはあるのでしょうか。


あなたには別の仕事があったからです。

もしそこの職場で、上の地位へと上ってしまうようなことになりますと、退職出来なくなったり、退職するのが難しくなっていったでしょう。本来のあなたの仕事は、そこの職場ではありませんでしたので、転職をしたのです。そして、天上界からは導いていましたもちろん、そこの職場で働くことに意義、意味はありましたけれども)。そして、人との別れもそうです。たとえて言いますと、結婚話などが該当するでしょう。しかしあなたには、大きな仕事をやり遂げるために、約束をしてきている人がいましたので、他の人と結婚をしていては、計画から逸れてしまっていきました。

一般的に共通している事柄は、

「全て計画なのであり、全て計画通りに進んでいる」ということです。

「全て道の上にある」のです。

悔いが残る、と思うことが時々あります。「あの時、あっちの方を選択しておけば良かったのかなあ」と、いうようにです。

質問・79

道は一本ではありません。

例えば、今の職場を来年の三月で退職して、整体の施術院を独立開業していくと、今年の五月に決めたとしましょう。そのことで、天上界的視点から話していきましょう。

まず、今のこの五月の時点で、いくつかのパターンの映像が見えています。それは、独立開業をして、あなたがそこで働いている姿、様子の映像です。お店の雰囲気だとか、働きぶりなどが映っています。

また、独立開業をせず、今の職場を退職せずにいる映像も見えています。整体においては、ボランティアのようなことをして、そこでは行なっています。つまり施術院としては、行なっていないことになります。

このようなことが意味するのは、道は一本ではない、ということです。

自由に、あなた自身で、道は選択していけるのです。

ですから、あの時、あの道を選んでおけば良かった、というように、道はここを通ったらもう、変更は出来ないんだ、もうあちらの道へとつながることは出来ないんだ、という

ことはないのです。

本人は気がついてはいないことと思いますが、この地上界に生まれてくる前には、そういったいくつかのパターンを決めてきているのは、あなた自身なのです。ただわからないのです。

どういった計画を立ててきたのかを、忘れてしまっているから、「もう一方の側の道を選んでおけば良かった…」という考え、想いが生じるのです。

ですから、（心を正しく、そしてきれいにして生きている限りにおいては）その道を進んでいることは、予定通りである、と思ってください。後悔することはありません。

但し、我欲のままに生きていると、今のような事柄は、当てはまらなくなります。

※私自身の例で言いますと、今世、地上界での仕事をしていくのにあたり、ある人たちと逢う約束をしてきました。それは天上界にいた時点での、お互いの約束であったわけです。出会った時のことを今、思い出してみますと、何か眼に見えない力によって導かれるように、出会えたという気がします。それは私以外の二人との約束でした。

私たちは三人で正法を学びながら、それぞれの仕事をしていくことを、天上界での計画として立ててきていたのです。

けれども、その中の一人が、我々をだますようになってきてしまいました（お金が主な要因でした）。この時点で、天上界での約束も、破られたこととなったのです。あとは三人それぞれがバラバラとなりました。

もしその人が、我欲を起こさず、出会う前のままの人であり続けていたならば、順調に自らが立ててきた計画通りに、道程を歩き続けていたでしょう。

我欲を持ってしまいますと、道から逸れていきます。天使からの助け、導きも、自らによって受けられなくなってしまうのです。

心はいつも正しくしておくことが、人生を歩んでいく基本条件となりえているのです。

個人的な余談となってしまいますけれども、その中のもう一人の方は、私が社会人となってからのほとんどを、空手と正法の学び及び実践において、共に切磋琢磨してきた心を許せる友でありました。そして彼こそが、中国のある時代において、三顧の礼を尽くして、私を軍師として迎えに来たという、劉備玄徳その人でありました。

質問・80

アセンションが終焉に近づいている、とのことですが、アセンションが終わると一体どのようになっていくのですか？


アセンション、つまり次元上昇が終わった後には、「ディセンション」が訪れます。

アセンションは、人間と地球との調和が基で、そして人間も上昇していこうと努めていることが、基盤となっています。

ディセンションは、このことに加えて、調和のとれた関係を保ちながら、精神の、意識の高い人たちが、他を指導していくことをしていきます。

これは職場とか地域社会などの中での、地位の高さとは関係していません。その中での心の高い人という意味です。このような人たちが、周囲に良き影響を与えていくのです。

例えば、三国志の中での諸葛孔明は、彼より上に高い地位の人がいましたが、部下だとか民は、すごく彼を慕っていました。このような形と似ていると言えるかもしれません。

心の高く謙虚な人たちが、地球と調和を保ちながら、人間関係を横から、下からリードしていくようになっていくのです。

総括

アセンションに関わっている人は、日本にも数多くいます。その役割を終えた人もいれば、まだ取り掛かっている真っ最中の人もいます。

私自身が味わい、そしてまた妻の雅子も味わってきたことですが、二人の共通の特徴として、魂が揺さ振られる想い、体験をしてきました。それは精神的に、心的に関わるつらさです。これはアセンションに今世関わっている人の、特徴であるとも言えるでしょう。

そういった人の中には、そのつらさ故にあるいは、専門の病院に通うことになり、医者から薬を処方されるケースもあるかもしれません。それくらいのつらさがある人もいます。

アセンションに関わっている仕事としては、私のように「地球の意識に、人間の頑張りを見せ示して伝えていく役割」の他に、妻の雅子のような「心、魂のつらさそのものを、天上界へ情報として送っていく役割」の人もいます。

そして、今日初めて天上界より教えていただいた事柄に「心、魂のつらさを克服していく中で、その時の気持ちというものを天上界へ情報として送っていく役割」の人もいる、ということがあります。私の叔母が、この仕事に関わっているようです。

私を含めて、この三人の共通していることは、魂が大きく揺さ振られたことです。私は小学校の六年生の時で、妻の雅子は成人してからで、叔母は六十歳を過ぎてのことでした。

天井がグルグルと回って見えたり、とても大きな何か眼には見えない恐怖に、急に襲われたり、このような不思議な体験をしました。

精神的不安、神経症的症状を抱えていると思われる人の中には、もしかしたらこのように何らかの形で、アセンションに関わっている人もあるのかもしれない、と言えましょう。

それは病気ではありません。

また、他の意義、役割を持っているケースもあります。

日本には偏見の眼が多くあります。

外国のように、精神、神経症関係の専門医に、まるで歯医者にいくように気軽に赴き、カウンセリングを受けたりしている現状には、まだ日本では至ってはいません。

日本では、そのような所に通院している人を、偏見の眼で見がちです。

ですから、そういった人の中には、このような偏見の眼をなくす、という意義と役割を担っている場合の人もあるのです。

私、雅子、叔母をも含めまして、精神に何らかの作用、影響を受けても、それは病気ではなく、アセンションの一環としての仕事からなのであり、そして日本人の意識の変化のための意味を持つ仕事の場合もある、ということをここに記しておきたいと思います。

これらは、ここに総括を書こうと決めた平成十二年三月の半ばに、ミカエル様より教えていただいた真実の事柄です。

ですから、外側からではわからない、何かの意味がある場合もある、ということです。

私のアセンションでの仕事、役割、使命は全て、終了しました。

六日前に行なわれたマラソン大会が、もう二～三ヵ月前のことのように感じられるほどの、そういった日々がここ何年か続いていました。これからはゆっくりと妻の雅子と、好きな映画を観ながら、過ごしていきたいと考えています。

このような類の本を書いている人のほとんどが、その分野においてのスペシャリストとして、専門家として、仕事に就いていたり、あるいは講演活動、人生相談、個人相談などを生業《なりわい》としていることが、著者略歴などから伺い知れます。

私の場合は、サラリーマンとしての生活を送っており、そしてこのスタイルは、これからも変わることはなく続いていきます。私自身は、個人の相談に乗ったり、活動したりといった事柄を行なうことは、これから先、一切ありません。それは私の役目ではないからです。私の人生における計画の中に、そのような事柄は立ててはこなかったからです。

ですが、そのための専門の仕事を、生きがい、やりがいとして選び、そして学び、修得への意欲を持ち、実践へと結びつけていこうとしている人は、数多く出てきています。世の中は、良い方向に進んでいます。共に明るい未来へ歩んで行きましょう。

我が使命
人間同士
人類と、地球の関係
調和さすため

作・井出章彦

（解釈）私がこの世に生まれ出た意義と役割は、「人類と地球とを調和させるため、また、人類同士をも調和させるため」なのだそうです。そのことはつまり、アセンションのための仕事の役割に大きく深く関わった人生を送るように決めてきた、と言えるのでしょう。

※平成十七年から、本来計画として立ててはこなかった講演やセミナーおよびセッションを、天の命により本格的かつ重点的に行なう運びとなりました。（平成十七年五月記）

第五部　暁の章　～壮大なるプロジェクト

千九百年代の初め、天上界では壮大なるプロジェクトに向けての会議が開かれていた。地球上に人間が住むようになってから三億六千年、これほどまでスケールの大きな現象は初めてというほどの、壮大なる計画なのである。

そのため天上界では、天使長ミカエルを中心として、緻密で厳密な計画が進められてきていた。そして今まさに、実行の段階にまで辿り着いたのである。

「時は来たれり!!」誰もがそのことを認識し、誰もが期待に胸を大きく膨らませていた。

「誰かやろう、という人はいませんか?」

大天使ミカエルはそう言って、周囲を見回した。

「この計画を、担当していただける人はいませんか…?」

声はむなしく響き渡るだけであった。誰からの返事もない。皆、その事の大きさに打ちひしがれてしまっており、下を向いたままで、誰一人として名乗りを上げる者はいない。

ミカエルは考えてしまった。

「たしかにこの計画は地球始まって以来のものである。そして過去、レムリヤの時代に、ムーの時代に、アトランティスの時代に、今より規模は小さかったとはいえ、失敗してきているのである。今回は、その規模の比ではない。もし失敗したとしたら、地球規模で大打撃を被るであろう。そのことは自明の理である…」

ミカエルは、もう一度集まっている者たちに眼をやった。

「誰かやれる者はいないのですか？」

ミカエルの声は、大きくこだまするだけであった。静寂が続いた。


そんな時一人の若い天使が手を挙げた。

「私がやります！」

それは女性の天使であった。皆のそのような様子を見て、自ら立候補したのである。誰も行なおうとはせず、それほどまでに壮大で、難しく、責任と重圧がのしかかるプロジェクトなのである。しかし、女性の天使は気がつくとこのように口を開いていたのであった。

「私にやらせてください！」

女性は、誰もやろうとしていない様子を見て、そう決意したのだ。

「そうですか、あなたがこの計画を実行してくれるのですね。今回の計画の遂行のためには、過去においてただの一度も、地獄という所を経験したことがなく、そして粋の良い魂の持ち主ということが条件なのですが、あなたならこの条件に当てはまります。

何度も言いますが、地球始まって以来の大規模なアセンションです。困難な仕事です。

そのとっかかりとしてまず、あなたが始めることになるのです」

ミカエルは念を押すようにしてこのようにつけ加えた。

彼女は、そのことを十二分に承知していた。だからこそ、誰も手を挙げる者がいなかったのだということも。

「私が失敗したら、この日本は、この地球は大変なことになる…」

この想いが、皆の胸を去来して、それが躊躇させる原因となっていたのだ。


彼女は自信など全くといっていいほどに無かった。それは、地上界に生まれ出るためのカプセルに入った、その瞬間においてもであった。

この女性は、六次元神界の上段界からの、魂に汚れのない、心のきれいな天使である。そこに「闊達である」という要素が彼女には加わるが、それはアセンションという壮大なプロジェクトのための必要な条件でもあった。


彼女が立候補したという噂は、天上界において有名になり、瞬く間に広まった。

この話を聞きつけて、一人の男性の天使が彼女の元へやって来た。

「ぼくが手伝いましょう」

そう言って彼も自ら、立候補したのである。

彼は、彼女とは縁が深く、過去世において、何度か夫婦であったり、また親子であったりという関係を持っていた。その彼が、今回応援に駆けつけて来たのである。

彼の魂は、中国の戦国時代において国を平定しようとして出た諸葛孔明であり、日本では奈良時代に学者として出た吉備真備であり、そして新井白石であり、また勝海舟として地上界に降りた経験を持つ、光の大天使であった。

「ぼくも手伝うから」

こうして二人の天使は、今世も夫婦として、地球規模で行なわれる、地球の歴史始まって以来の、壮大なプロジェクトであるアセンションのそのとっかかりを、担うこととなったのである。

二人は静かに、大天使ミカエルらの見守る中、それぞれのカプセルに入り、地上界での誕生を静かに待った。

そして彼女の方は、一九六二年の春、予定通りアセンションの発生地と計画されている、日本の太平洋側のある観光都市に生まれ出た。

彼の方は、その二年三ヵ月前に、今世メシアが出られた所と同じ信州を選び、そこに長男として生まれ出たのである。

天上界では、大天使ミカエルからの話は続けられていた。
「アセンション、それは次元上昇という意味で、地球が一段階上のクラスへ上昇することです。

しかし、今までに、地球上に住む人類が、自分さえ良ければ良い、という生き方をしてきたために、自然は破壊され、大気、川、海は汚染されてしまいました。

また、このような我欲の想念はスモッグとなって大気のようになり、地球の表面を覆ってしまっているほどです。これでは地球は病んでしまいます。次元上昇どころではありません。このスモッグ、汚染された大気を取り払わなければなりません。

アセンションを担う者たちの、その仕事というものは、決して眼に視えるものではありません。派手でもなければ、むしろ地味な作業の部類に入ります。政治社会に身を置くような華々しさも決してそこには存在しません。まさに名より実をとることの出来る人間でなければ、実行は不可能でしょう。

地上界にひとたび『オギャー』と生まれ出てしまうと、人は誰も皆、天上界での全ての記憶を忘れてしまうのです。そのために途中、道を逸れてしまう者も出てきます。あるいは、欲の虜になり、元いた天上の世界ではなく、下（地獄）の世界へ行ってしまう者もいます。それだけ地上界での生活は難しい、ということです。これは天使といえども、またたとえメシアであっても、同じなのです。それはつまり、誰といえども神の創られた法則、宇宙の法則の枠から外へは出ることは許されてはいない、からなのです。

アセンションに失敗すると、そこは天変地異となって、様々な災害がもたらされるでしょう。つまりそれは何千、何万、何十万もの人々の命と関わる重要な責務だということを意味しています。

私たち天上界の者は、天上の世界からあなたたち一人一人を指導します。アセンションの仕事に携わる者には直接、私、ミカエルの分身が、その者たち一人一人につき、そして直接に指導します。このようなダイレクトでの形というものは、人類がこの地球上に降りてきてから初めてのことです。

あなたたちに、人類と地球との関係とそして、人類の運命が、未来がかかっているのです…」

大天使ミカエルからの説明は続いた。誰一人として、私語をもらす者はなかった。それほどに厳しく、難しい任務であるからだ。

「もし失敗したら、自分一人だけの運命、命ではなく、何千、いや何万、何十万もの人々の生活、人生、命に影響が及ぶなんて…」

皆、言葉が出なかった。だからこそ、高い次元の者たちが、このアセンションに関わって、この地上界に大いなる使命とともに出てきたのだとも言えよう。

「アセンション、この地球を浄化するのに通らなくてはならない道。やらねばならぬ」この想いがやがて決意へと変わっていくのに、さほどの時間は要さなかった。


地上に降りたこの女性の天使は、すでに成人していた。

彼女は、調理師の資格を取り、東京に就職が決まっていた。そして新大久保にある職場の寮に引っ越しをしたまさにその日、彼女の実家が火事となった。幸いにも倉庫だけで済んだのだが、この火事を機に、彼女はそのまま実家へと帰り、喫茶店を自ら経営していくという方向へと大きく進路は変更されていったのだった。

それは考えてみれば、むしろ当然のことだとも言えよう。アセンションに関わる人間がその場にいなくては、事は進んでいかないのだから。ましてや彼女の場合、アセンションのスタートとしての仕事に携わっているのであるから、それは尚更である。

こうして彼女のアセンションへの重要な責務は、天上界での計画通りに進められていった。それは彼女がちょうど二十歳になる一ヵ月前の時のことであった。

さて、彼の方を見てみよう。

アセンションのための仕事はというと、彼が中学生の時にはすでに、具体的に行なわれていたのである。眼に見えない事柄のため、実感はどうしても得られにくいものなのであるけれども。しかしそれは、何万、何十万という人の運命、命と大きく関わったものであることには、違いはなかった。

実は彼がこのような事柄を知ったのは、彼のアセンションとしての仕事が終わる、平成十二年三月から三ヵ月前の、信州の実家に帰省している平成十一年十二月の時であった。

この前日に彼は天使長ミカエルより、自分自身の数々の過去世を教えていただいていた。

「その時に比べて、今世こんなに〈のほほん〉と生きていて良いのでしょうか?」

と彼は思わず口に出してしまった。

「とんでもない!!　あなたは今世、駆け抜けてきたのですよ!」

との叱咤とも激励ともとれる言葉を、彼はミカエルより受けた。

そして彼はこの時に初めて、自分の担ってきた役割のことを教えてもらったのであった。この地上界に生まれてしまうと、誰でも皆、その記憶をなくしてしまうのである。それはしっかりと天上界で、微に入り細にわたり計画を立ててきたにもかかわらず、である。これは神の創られた法則、そして宇宙の法則故に。

こうして、アセンションで関わっている彼の仕事は、彼が四十歳を三ヵ月過ぎた頃まで、続けられていった。

ここでアセンションのことで再度確認しながら、彼の仕事内容のことなどに触れていってみたい。

アセンションとはつまり、地球が一段階、上の次元へ行くことなのである。このことを、関連者や研究者は「優良星となる」とも表現している。

ここで考えてみよう。どうすれば地球が優良星となれるのかを。地球がその次元を上昇するには、我々人類の次元も上昇する必要は出てくることも考えられはしないだろうか。ましてや、我々人類の想念の汚れが、この地球上にスモッグとして覆ってしまっているのであるならば、そのスモッグを取り払うのに、我々の次元を上げていかなければならない、という方程式が成り立つことは、誰にも容易に想像出来るであろう。そしてここが一番のポイントとなるのであるが、そのことを地球に見せ示す、ということがアセンションの成功のための根本根源なのである。

地球が優良星となる。

我々人類の心も成長し、高めることだ。

この事柄はたいていの関連者ならば、承知しているのであるけれども、人間の頑張りを地球に見せ示す、ということまでは、まだこの段階では誰も知らない事実なのである。

「オレ、心を入れ替えたんだ」

この言葉だけで全てを信じられるだろうか？　それを言った人の行動を実際に見て、そしてそこから人は判断していくことだろう。

「原理はこれと同じことなのです。その役目を担った特定の人間が、頑張りを自ら行ない、その事柄を地球へと報告していく、これがアセンションの本当の意味するところの、これまで天上界の秘密とされていた事柄なのです」

大天使ミカエルは初めて秘密を打ち明かした。

「アセンションの仕事を担って、この地上界に出てきている者は、今多くいます。彼らは直接、自らが行なうことによって、アセンション成功への道程を歩いているのです。

ここに彼らとはまた違った角度から、このアセンションに関わっている人たちもいることを、説明しておきましょう。

それは、その人の活躍や頑張りを、テレビなどのメディアを通して知ることによって、見る側に勇気、感動を与えていくという役割です。特に、アセンションに深く関わっている者というのは、眼には見えないことといえども、その責任は重大すぎるほど重大です。直接、大勢の人の人生、命に関わっているからです。

そのような、責務にあたっている彼らの心の励みとするために、このような立場としての彼らの存在があるのです。例えば、手塚治虫さんであるとか、野球のイチロー選手であるとか、乙武洋匡さんであるとか、彼らは皆、七次元菩薩界上段階からの光の天使です。こうして、アセンションは皆の力で乗り越えてやり遂げよう、としているわけなのです。

特に、章彦さんの心の眼を開くためのきっかけへと結びつけてくれたのは、船井幸雄氏（からの著書）でしたね。この方も章彦さんと同じ八次元如来界からの光の大天使です。この方の場合、地球の人々を安心させるという使命を持って、今世日本に生まれ出ました」

ここで、私（井出章彦）のこれまでの仕事の軌跡を大まかにたどってみた。

小学六年生のある夏の夜のことだった。

私は寝つかれないまま、布団の中にいた。何度も寝返りをうつのだが、一向に睡魔が襲ってくることはないまま、ただじっと布団の中に横たわっていた。

どれだけ時間が経過したであろうか、何と表現したらいいのだろうか。それはまさに「奇妙な」といった感じがピッタリの、そんな感覚をじわじわと味わい続けていたのでありそしてそれは、魂を吸い上げられ、上の方へと引っ張られていくという感覚なのである。

「死んじゃうんじゃないか」

そう私は、子ども心にも幾度となく思った。

そんな中、私は自分の手の平をじっと見据え、

「僕らはみんな、生きている…真っ赤に流れる僕の血潮…」

と歌詞を心の中で何度もつぶやき、この奇妙な感覚と必死になって闘っていたのである。

どれくらいの時間が経過したのだろうか。気がつくと無事に朝を迎えていた。

それからの私は、一変した。外見からは判断がつかないのだけれども、それは魂が刺激されたと言うのだろうか、それとも魂がいじられたとでも表現するのだろうか。今までは感じなかったような、ある種の感覚がそれからというもの、小さな胸の中に生じ続けてしまうようになっていた。得体の知れない何かが常に心の中に存在しており、私の気持ちを恐怖へと結びつけてしまう、そんな感じなのである。

この事柄に関しては、それから数えること二十八年にして、その意味を、意味するところを天使長ミカエルから説明された。

「小学校六年生の時、アセンションのための準備ということから、天上界に引っ張り上げられるような現象を体験しました。この時の意味とは、

・霊的なものに対する存在は実際にあることを、インプットするため。

・大人になって、急にアセンションに関わると、ビックリしてしまい、大変となることが予想される。だから大人になってアセンションに関わっていくことになっている章彦さんには、天上界からミカエルたちからこのような働きをさせてもらったのです」

この件があってから一年半後、私が中学二年生の五月の時である。アセンションの一環としての仕事が開始された。それは、新聞配達という形で行なわれた。

アセンションの意味は、私がいろいろなことで頑張り、その「頑張り」を地球の意識に見せ示していくことであった。

まずその「頑張った事柄」を天上界でキャッチし、そしてその情報、事実を地球の意識に、天上界より送り伝えていくというシステムなのである。

アセンションの本当の意味は、このように使命、役割を担った者たちが、地上界で頑張

り、その頑張った事柄を地球へと、天上界経由で伝えていくことなのである。〈人間も捨てたもんではないよ〉と、地球に人間の努力や意欲、向上心などを見せ示していくことにあるのである。

こうして私の新聞配達は、雨の日にも雪の日にも、欠かさずに行ない続けられていった。肩からタスキをかけて、百二十軒の家の間を走り回って、新聞を配達し続けた（この時の新聞配達が実は、アセンション成功のための忍耐を、私に培わせてくれたのである）。

また、この中学時代に私は、もう一つの役目を果たしていた。それは、器械体操においてであった。

私は計画通りに、柔軟性に欠けた身体で生まれ出た。そのため、人が二〜三週間でマスターしてしまうような技も、私の場合はそれを二〜三ヵ月かかって、やっとマスターしていたという、実に時間が掛かってしまったものであった。そういった中で、練習を重ね、休み時間に、休日にと練習を繰り返し行ない続けることをしたのである。

そのうちに、そんな私の姿を見て、「ぼくもやってみよう」と思った人が一人、二人と集まり、とうとう中学三年生の四月、体操部を設立してしまうまでに漕ぎ着けた。

彼らの中には、どこの運動部にもついていけないでいない者だとか、お世辞にも勉強は出来るとは言えないような、いわゆる「クラスでも目立たない存在」の連中が、大勢集まってきていた。でも、練習は実に楽しかった。強制ではないにも関わらず放課後に、特に土曜日の放課後ともなると、体育館のマットの所に、一人二人と自然に集まり、各自それぞれが順番に技の修得に励んでいったのであった。

その秋の文化祭では、私たちは全職員、全校生徒そして大勢の父兄の前で模範演技を行なった。いつもは目立たなかったような私たちも、この時から皆は「スター」になった。

高校生の時は、三年間を自転車で通学した。自宅から駅までが遠いからという理由で、卒業までを自転車通学で通してしまったのであるけれども、雨も降れば、信州だから雪も降る。そんな中を片道六十分、往復にして二時間、毎日私は自転車をこぎ続けた。

このように、アセンションのための仕事というのは、全くといっていいほど華々しくあるものではないことがわかる。大会に出場し、優勝、入賞するだとか、記録を作るといったような、形に残るものではない。そしてまた、誰も知らないといえば知らないと言えよう。そういった内容なのである。だからこそ、「名より実」という言葉が当てはまるのだ。

こうして高校を卒業した後に私は、空手の内弟子として四国へ渡った。ここで寮生として、集団生活を行なった。朝の六時から魚屋さんに勤めながら、稽古は毎日続けられた。

そしてこのような経験を通す中で、眼に見えない指導によって、アセンションとしての仕事を着々と、しかし時には遠回りをしながらも、行ない進めていったようである。

時代を今にもってこよう。

私のアセンションでの仕事が終わろうとしていたその頃の数年間というものは、とても密度の濃い毎日で、決して人が真似を出来るようなものではなかったと思う。

転職して、今の地に来たのは、妻の雅子と一緒になって、いよいよアセンションの本題に入るためであったのだけれども、ここに来るまでの前の職場では、マラソン大会出場だとか、トレーニング、空手の指導など、仕事以外のほとんどの時間を使って行なっていた。

私のここ数年で行ない果たしてきた大まかな事柄の内容を、箇条書きにしてみた。

・大学教養学部卒業（心理学専攻）・国立中国大連大学中医学日本校卒業
・中医学整体学院卒業　・生涯学習一級インストラクター認定資格取得
・心理カウンセラー養成講座修了　・社会福祉士養成講座受講試験合格
・正法、神理の学び（ほぼ毎日）　・図書館司書講座受講試験合格
・各種の気功、ヒーリングの学びと修得（丸三年間は行ない続けた）
・マラソン大会出場、完走（もちろん練習も含まれる）・空手練習（審査、指導を含む）

・市のトレーニングセンターでの利用回数において千回一番乗り達成
・妻への空手指導とデモンストレーションビデオの作成（三本）完成
これらを私は、毎日、何かしら同時に複数をやり続けていた。

今思い出す中にも他に、国家資格としての「社会福祉主事任用資格」を二十三歳の時に取得し、前に勤めていた職場時代では、「危険物」「大型自動車」を、何らかの形で生かしていけるのでは、と考えチャレンジして、それらを三十二歳の時に取得した。

これらは木でいうところの根、幹の部分であって、枝だとか葉に該当する部分はこまかすぎるので、ここではそれらを記述することはあえて行なわないけれども。

では途中、もし私がこれらのうちの一つでも、やめたり、あきらめたり、終えることが出来なかったとしていたら、どうなっていたのだろうか…?

それはそのまま、「アセンション失敗とみなされていた」と、後で教えていただいた。

では、アセンションの失敗、それは何を意味するのだろうか、一体どうなるのだと言うのか…?

今、この事柄についてを記すにあたっては、とても勇気のいることなのかもしれない。

何故ならば、今世のアセンションは、地球規模であるため、今現在でも、他の所では取り掛かっている真っ最中の仲間たちがいるからだ。

だから、今のこの場面においては、私個人のことに的を絞って、話をしていくことになるのを承知願いたい。

ミカエル様からの説明を、そのまま記したのが、以下の文章である。

「天上界にいた時点で、どこからアセンションを始めるかの計画を立てていました。だから雅子さんはそこに生まれ、章彦さんはそこに来たのです。

他のアセンションに関わるために生まれて来ている人たちは、天上界ではやはり前もって、自分の担当する場所を知っていましたし、決めていました。前もって、地球のどの辺の波動が悪いかが、わかっていたからです。

皆、他の人たちに、光の道を作っていることと、地球に人間の良さをわかってもらい、地球の荒れかかっている気持ちを沈めてもらう、という仕事をしています。

カップルといっても、章彦さんと雅子さんとのように、多少違った役割を担っているチームと、二人揃って調和しながら、助け合いながら、一つの同じ作業をもって、アセンションの一環としているところもあります。

雅子さんはやり終え、やり遂げました。九十八点以上の採点です。

アセンションへの関わり方も、人それぞれです。野球のイチロー選手などは、アセンションにおいて頑張っている人たちを勇気づける、そのような意味と役割をもって、このアセンションに関わっているのです。

今、役割に目覚めている人と、そうでない人とがいます。章彦さんのように、役割というものに目覚めていないというか、それは自覚していなかっただけで、仕事はちゃんと行なっていたという人はいます。

ですから、仕事があるにもかかわらず、何も出来ていない、していない、という人は少ないのです。何らかで行なっています。後で本人が、それを聞いて知ってびっくりするような、章彦さんのようなタイプが多いです。

章彦さんのアセンションの中での役割は、雅子さんをサポートしながら、雅子さんと力を合わせて、アセンションを成功させていくことでした。

雅子さんは、つらい人の状態がどんなものなのかを、逐次天上界に伝えていく、そのつらさを身をもって体験し、それを天上界に報告という形で教え、伝え、送っていたのです。

章彦さんは、良くするための実践というものを、示したのです。アセンションとは、悪い波動を消し、良い波動、これはつまり高い次元という事柄ですが、高い次元に該当する事柄を実際に行ないそしてそれを地球に見せるため。また、他の人間の次元を上げていくための後へ続く道を、新しく作った、という意味を持つ仕事を行ない続けてきたのです。眼には見えない事柄が主ですので、把握しづらいとは思いますが、章彦さんはそのために、

・努力すること　・継続すること　・学ぶということ
・古いものでも大切にすること　・新しいものを取り入れていくこと
・人を大切にすること　・人と調和すること
・我欲のままに生きないこと　・ぜいたくをしないこと
・心の疲れている人の話をきけること　・人を助けるために癒しの技術を修得すること

これらの事柄を扱ったのです。それらを精一杯やり通すことによって、地球に〈人間も捨てたもんではない〉という良い波動を与えたのだし、後へ続く人たちへ光の道を作ったのです」

「このような事柄をお教えしたのは、アセンションが終焉に近づいてきているからです。地球の運命を、人間の運命を、これらを左右する地球始まって以来の大規模なアセンションが今、成功へと、完結へと近づいているのです」

「章彦さんと雅子さんの二人が失敗していたら、アセンションの始発、とっかかりを担当していたことから、二人の住んでいる街およびその周辺の街はもちろんのこと、日本全土にまで影響するほどの広大な津波が押し寄せていたかもしれません」

「二人はやり遂げました。誰も知らないことでしょうが、二人の今までの頑張りは天上界では十分に承知しています。

天上界の魂の兄弟たちを含め、私ミカエルたちは、あなたたちをずっと見守り続けています。『よく頑張ったな』『大変だったな』と誰もがそのように述べています。

そしてさらにまた、この本が人々の前に出ることをも、とても嬉しく思います。多くの人たちがアセンション等を理解するのに、助けとなる本だからです。

特に意識・心の在り方を考えるのに良い題材となるこの本は、天上の世界においても、四次元から八次元の魂たちの約八割が読みました。『しっかりしている内容』との感想がもたらされています。

あなたはびっくりするかもしれませんが、九次元におられるお釈迦様、イエス様、モーゼ様、高橋信次師も読まれています。『う〜ん』と唸った、とだけ申しておきましょう。

章彦さんには三十年あまりの期間を、アセンションの仕事の役割に関わっていただきました。実際、命をかけていただきました。失敗していたならば、津波にのみ込まれるなどして、命はありませんでした。雅子さんにしても、それは章彦さんと全く同じでした。

今あなたがた二人が、こうして無事に存在していることをとても嬉しく思います。

地上界ではまだ、アセンションとしての仕事は終わっていない所もありますし、天上界においてもまだ終わってはいません。天上界では大変な状態が今だに続いています。

・正法の勉強をすること。
・それぞれ全ての魂の次元を上げること。
・次元という縦の段階の枠を取り払うこと。
・地球を大事にしようという意識を養うこと。
・人間以外のものをも愛する気持ちを育てること。

天上界では現在、これらの事柄をも九次元のメシアをはじめとし、八次元の光の大天使たちが中心となり、行ない進めています。

あなたたちは、これから訪れるディセンションを見守っていきます。今までのような魂のつらさはなくなり、安定した時期を迎え、平和な日々を過ごしていくようになります」

オ・ワ・リ

そして二人が「安全圏に入りました」と教えていただいたのは、平成十二年の、梅の花の香りが漂う、寒さがまだ残る春先のことであった。

あとがきにかえて

「自分で自分を誉めたいと思います」

この言葉は、あるスポーツ選手が、マラソンでのゴール後のインタビューに応えた時のものです。今回、私自身にも同じ言葉を言ってあげたいと思います。

「おまえも、やるじゃあないか」と。

今回、この本を作成しようと思いついたのは、平成十二年一月下旬の時でした。私の指導霊として担当して下さっているミカエル様に、その旨を伝えたところ、

「わかっています。その本はすでに天上界では出来上がっていますよ」

との返事を受けました。

びっくりしたと同時に、天上界の秘密というのか、システムが伺い知れたようでもありました。つまり、人が何かをやろう、とそう思いついた時には、既にその結果は天上の世界では顕れている、ということになるからです。

私はミカエル様に尋ねました。

「いつ頃に出版会社に原稿を持っていったらよろしいでしょうか」と。

「一年かけて、じっくりと作り上げていってください。だいたい一年をめどとしてくださ い」との返事がありました。

こうして本の作成のために、ワープロに文字を打ち始めたのが、その年の平成十二年の

二月十七日でした。ところが、このあとがきは翌月の三月七日であって、開始してからわずか二十日間しか経っていません。

こんなに早くてはたして良いのかを、ミカエル様に尋ねました。

「章彦さんが作ろうとしていた本は、すでに天上界に出来上がっています。内容を比較してみると、骨組みはピッタリです。ただ、肉づけには多少の違いはありますけれども。それにしても、ミカエルも驚いています。ここまでの完成は、天上界では章彦さんの誕生日（十二月）頃だと予想していたからです。途中、嫌になったりすることが考えられていたので、一年かけて、という言葉を伝えたのです。

それにしてもそれをわずか二十日間でやり遂げるなんて…」

私はこれに対して、さらに質問をしました。

「では当初、天上界ではすでに本は出来上がっている、とおっしゃっていましたが、それは今のここまでの段階、量だったのですか」

「そうです。今の段階まででした。ですから今のこの段階でもって、整理をしてから、出版社に持っていってもよろしいですよ。でも章彦さんのことだから、他の項目だとか、質疑応答の部分で、さらにつけ加えていくことをしていくでしょうけれども」

と、「私は認めてもらえているんだ」と感じるような嬉しい言葉をいただけました。

実はこの段階では、ページ数にすると約百六十です。私はもう少しのページ数は欲しいと考えていましたので、本の作成をそのまま続けていくこととしました。

ところが、そのように考えたまでは良かったのですが、今までにノートへ書き溜めてきた事柄も、人にお見せ出来るような内容のものは、もうほとんどありません。

後はテーマを決めたならば「ミカエル様に聴きながらと同時に、その事柄を直接ワープロに打ち込みながら進めていこう」とのやり方で、ここまで完成させた次第です。

私は過去世において名前が残るほどの事柄をしてきたらしいのですが、そして今世に関しても、様々な数々の説明を天使より受けてきたわけではあるのですが、それでも自分としては、「今世パッとしないような生き方だなあ」、と心の中では考えたり、思ったり。

ですから今回のように、ミカエル様も驚くくらいのことを為せたということはすなわち、「自分を自分で誉めたい」と言ってもいいのではないか、とそう思ったのです。

この本の出来栄えは、と尋ねましたところ、

「読みやすくて、良質なものとなりました。永く残る本となるでしょう」

この言葉を信じ、天上界の方々を信じ、そしてこの本が、あなたのお役に立つことを信じて、あとがきを終わらさせていただきます。

尚、この本は「天上界からの我々へのお導き」のものであることを、あらためてここに明記しておきたいと思います。

この本を手にし、そして最後まで読んで下さり、ありがとうございました。


全ての人々の心に、平和とやすらぎがもたらされますように。

＊この本を読んでいるあなたのそばに、いつも天使が見守ってそしてあなたを、良き方向へと常に導こうとしています。
＊あなたは心を正しくして、天上界からの光を、天使からの愛をいっぱいに受けながら、あなたの天使と共に良き人生を、歩み進んで行ってください。

二〇〇〇年春、アセンションとしての私の全ての仕事を終えて

井出章彦

天上界光の大天使からの追伸

（これまでの全ての原稿の、幾度かの加筆・訂正をし終え、これからは余暇の中で天使の絵を描いていこう、と考えていた時のことです。ミカエル様からの通信が突然、届きました。それはいつもの感じとは違って、私には何だか「緊急」のように感じられたため、本来ならば掲載する位置を、本書の中で考えたり、工夫した方が良いのでしょうけれども、今回に限り、あとがきの後へと、そのまま持ってこさせていただきました）

地球も人間（例えば章彦さんの叔母さんや雅子さん）と同じように大変なつらさを、味わってきました。だいたい三十年位前からの一九七〇年から、一九八〇年位までの十年間程の期間です。

地球は必然的に、全ての生物を受容しています。

ところが、永い歴史の中で人間だけが、我欲で戦争をしたり、互いに傷つけ合ったり、人種差別やあらゆるものに対していじめをしたり、環境を破壊したり…「このような現象から生ずる様々な波動」を地球は、人間を含む全ての生物を受容するのと同じように、受け入れることを、永い間し続けてきたのです。

しかし、多くの悪想念を含んだ波動からの害を被ってしまった地球は、自然の生態系のバランスを、崩し始めてしまいました。

地球は悩み、苦しみました。地球にとっては全てのバランスが、とても大切だからです。ところがこのバランスが崩れてしまったために、地球はつらさを味わうようになってしまいました。

人類に課せられた神様からの試練とでも言いましょうか。否、作用あれば反作用で、それは人間の播いてしまった種ですから、人間の側に責任があるのですが、地球につらい想いをさせてきてしまったことは事実です。

地球は、人間や他の生物たちと同じく生きていますから、人間と同じように「つらい」という意識を持ちました。そして苦しみが続きました。このことを知ってください。

火山活動などといった、自然治癒力による災害等は、その結果から起きてしまうのです。しかし幸いなことに、地球の苦しみは今でもつらい時はあるけれども、落ち着きつつある段階に来ています。

人間は、自分たちだけのことしか考えない段階から、もう卒業しなければいけません。あらゆるものが「共存共栄」出来て、お互いを大切に、尊重し合えるようになることです。

また、自信がないような人でも、天上界および周囲の次元の高い人を通して導いていきますので、落ちこぼれるようなことを考える必要はありません。何の心配もありません。

＊２００５年より【ｅｌ】（エル）という名の会を発進しました。
＊講演会、セミナー、セッション、ヒーリングを主な活動としています。
◎問い合わせ先～
〔〒４１３−００３７　静岡県熱海市笹良ヶ台町１−12〕
◎Ｅメールアドレス～
raphaelchama2005@yahoo.co.jp

著者略歴

井出章彦（いで　あきひこ）

1959年12月、長野県に生まれる。

1971年８月、天使より魂を揺さ振られ
1999年10月、天使との通信が始まる。

2000年３月、今世でのアセンションという次元上昇における使命は完遂し、
2001年２月、ＦＭラジオに出演する。

2001年より、ディセンションの仕事と共に、天上界と地上界との架け橋的な役割を任され、波動調整という大仕事を妻と共に行なっている。

2002年11月、市が主催の健康セミナーに講師として講演を行なう。

2005年より、船井幸雄会長が主催する「幸塾」「直感力研究会」「ヒューマンカレッジ」などで講演を行なう。

2005年の夏、天からの新たなる任命により【el】を主宰し、講演、セミナー及びセッション、癒しの技などの活動を展開している。

船井幸雄会長との対談本『人類と地球のアセンション』（船井幸雄著・徳間書店刊）はベストセラーに。

心の眼

2000年８月１日　第１版第１刷発行
2007年４月10日　第１版第４刷発行

著　者　井出章彦
発行者　瓜谷綱延
発行所　株式会社文芸社
〒160-0022　東京都新宿区新宿1-10-1
電話　03-5369-3060（編集）
03-5369-2299（販売）

印刷所　株式会社フクイン

ISBN4-8355-0573-5

「心の眼」（井出章彦・著）シリーズ

心の眼Ⅱ

「人類の創世記」から始まり真のメシア（救世主）と七大天使たちを記した一大叙事詩第2弾。神理を物語風にわかりやすく書き記し（第六部・星の章にて）、多くの人たちに把握しやすい本となっています。他の『心の眼』シリーズの本と合わせ読むことにより、正法・神理がより深く理解され、人々の心を広く高くします。他に人生設計、魂の兄弟たち等も収録。

心の眼Ⅲ

「詞」を通しての神理の珠玉集です。「神理の創作物語」「質疑応答」などの項目を加え、わかりやすく正法・神理を書き記すことに努めました。癒しのテクニックは、『心の眼』よりさらに説明・補足しました。

光の大天使からの教えを受け、正法を伝える第3弾が誕生しました。

心の眼Ⅳ

第4弾は神理小説～「時空の旅」と題して、光の大天使から三つの能力を与えられた主人公の章がタイムスリップを通す中で、悩み苦しんでいた過去の自分自身に会い、そして正法を伝えていくお話です。はたして章は何をつかんでいくのか…温故知新を中心に置き、作者自らの魂の血肉としてきた事柄からのお話です。

心の眼Ⅴ

正法・神理をエッセイのような感じで肩の力を抜いて自然体で綴りました。正法は心の法則・宇宙の真理であり、正しい心の在り方を示す教えです。どのページを開いて、どのページから読んでも正法の教えがあなたの心に深く浸透していくことでしょう。

心の眼Ⅵ

正法・神理を小・中学生に向けて記しました。おとなが読まれても心の法則をさらにわかりやすく理解出来る本です。心の対話を通して『心の架け橋』を、あなたも一緒に架けませんか？

心の眼Ⅶ

二〇〇〇年秋、天使の魂を持った一人の男の子が、天上界へ還りました。男の子と大天使からの依頼を受けて、あなたに命の光を届けます。届け、命のメッセージ‼

心の眼Ⅷ

正法とは、理論・理屈・哲学でなく、宇宙の真理であり、神のつくられた法を言います。そして正法は、私たちに生きる指針を与えます。第8弾はシリーズ最後の書であると共に、覚醒のための一冊です。〈宇宙の真理・慈悲と愛〉をここに‼